新儒学与现代社会

吴立群 著

上海大学出版社
·上海·

图书在版编目(CIP)数据

新儒学与现代社会/吴立群著.—上海：上海大学出版社，2018.2
ISBN 978-7-5671-3076-0

Ⅰ.①新… Ⅱ.①吴… Ⅲ.①新儒学-关系-社会学-研究-中国-现代 Ⅳ.①B261.5②C91

中国版本图书馆CIP数据核字(2018)第033724号

责任编辑　王　聪
封面设计　缪炎栩
技术编辑　金　鑫
　　　　　章　斐

新儒学与现代社会
吴立群　著
上海大学出版社出版发行
(上海市上大路99号　邮政编码200444)
(http://www.press.shu.edu.cn　发行热线 021-66135112)
出版人　戴骏豪

*

南京展望文化发展有限公司排版
上海叶大印务发展有限公司印刷　各地新华书店经销
开本 710mm×1000mm　1/16　印张 10.25　字数 140.6千
2018年2月第1版　2018年2月第1次印刷
ISBN 978-7-5671-3076-0/B·100　定价　68.00元

本书系 2017 年国家社会科学基金一般项目
阶段性研究成果(项目编号:17BZX062)

前　言

　　随着中国现代化的急速发展及其所引发的巨大社会变迁,"前现代""现代""后现代"在中国社会与文化中的表现样态被同时挤压在同一个平面。与此同时,儒学遭遇了来自现代工业文明、西方文化以及政治意识形态的多重解构。在人类现代化历程中,西方文化在某种程度上成为主流文化,并一度成为中国文化现代开展的基本参照系。形形色色的西方文化中心论一度拥有话语霸权。然而,中国文化基本价值系统的现代转化亦从未停止,超越传统、充分体现中国文化之民族特质的现代文化正在逐步建立与形成。本书有关新儒学与现代社会的研究即在此场域中展开。所谓新儒学与现代社会,即考察传统与现代的相互性关系,研究当代中国现代性与后现代性问题并存的特殊性与复杂性。因此,既正视中国现代化进程中的现实困难,又期盼未来新秩序的美好愿景,即本书主要研究意义之一。

　　当今时代,西方话语霸权在全球化浪潮中依然存在。如何分辨各种价值,克服社会转型期出现的认同危机、精神迷茫等弊端,引领社会价值观的正确方向是当前亟待解决的理论和现实难题。

　　在"前现代""现代""后现代"并存之当代中国,社会价值观的养成受多种因素影响。价值观的形成是一个长期的过程,这一过程与其所依托的话语体系密切相关。话语体系的有效建立同样是一个长期的过程。而传统文化正是经过长期积淀而形成,并已进入无意识层面,潜移默化地深刻影响着社会价值观的形成。因此,依托于本民族传统文化话语体系是培育社会价值观的有效途径之一。儒学以"传道、授业、解惑"为其社会责任,以启迪良智、塑造理想人格为其历史使命。在当今全球化时代,在传统文化话语体系中,考察儒家思想在治国安邦中所发挥的引领性作用及其有效性成果,或许可为现代社会价值观的培育提供积极的思想资源。

本书所谓新儒学是指20世纪以来,在理解传统儒学的基础上,面对西方文化和现代生活,试图重建儒学的思想活动。新儒学的基本主题即回应现代、重建儒学。作为中国传统文化的主要代表之一,儒学伴随着中国现代化进程的发展与演变。由于种种原因,直到20世纪80年代,在祖国大陆对儒学的正面研究和评价才逐渐恢复,现代新儒学也逐渐进入人们的研究视野。本书试图围绕中国传统文化的主要代表(儒学)在现当代的发展(新儒学)及其现实意义,重点讨论如何理解新儒学、如何理解现代社会两个问题。通过对传统与现代的关系的思考与讨论,反思"新儒学"之"新",反思"现代社会"之"现代",领会"自知无知""扬弃"等哲学命题的深刻内涵。

全书共三章。第一章概述儒学的发展历程及其影响;第二章通过中西俄对比阐述中国现代化历程的特殊性;第三章以传统文化与现代化的双重选择为题进行分析,重点讨论如何理解新儒学,如何理解现代社会两个问题。各章节按"知识梳理""经典赏析""延伸阅读""问题思考"四个环节编排。其中,"知识梳理"各章节繁简不一。如第一章详尽,为问题思考作必要的知识背景介绍。第二章则简明。因宋明理学内容丰富庞杂,若面面俱到,则难免落入知识体系的梳理而难以抽身,以致偏离本书主题。第三章涉及现代新儒学研究,因目前学界著述颇丰,难以详述,故以围绕本书主题拓宽视野、引发思考为原则。"经典赏析"则选取儒家名家名篇进行解读。在"延伸阅读"中,既有学界相关研究的主要观点,又有作者本人的研究心得,还穿插了几则哲学史上著名的趣味故事。"问题思考"则在文本阅读的基础上提出问题,以便更深入地理解文本,从而为下一步的讨论分析厘清思路。

本书以"新儒学与现代社会"为题,系2017年国家社会科学基金一般项目"儒家'成人'思想与现代社会个体意识的相互性研究"之初步研究,有关当代中国现代性问题的深入讨论尚有待后续研究的进一步展开。读者若能因此对中国现代性话题产生进一步思考的兴趣,则幸甚。

目 录

第一章　儒学演变历程及其现实影响 / 001
　　第一节　儒学的历史地位及其核心内容 / 001
　　第二节　新儒学的兴起与流变 / 040
　　第三节　现代新儒学的形成与发展 / 054
　　第四节　儒学在世界各国的影响 / 069

第二章　中国现代化进程的特殊性考察 / 085
　　第一节　"五四"时期科学主义的形成 / 085
　　第二节　西方社会自由与民主的渊源与发展 / 089
　　第三节　俄罗斯现代化历程的经验与教训 / 095

第三章　传统文化与现代化的双重选择 / 110
　　第一节　东亚模式与新教伦理 / 110
　　第二节　传统与现代的紧张与平衡 / 119
　　第三节　儒家文化与中国现代化 / 127

主要参考文献 / 151

后记 / 153

第一章　儒学演变历程及其现实影响

源远流长的中国传统文化,经过几千年的积淀,形成了以儒学为主导的思想体系。儒学不仅在中国有着悠久的历史,而且对韩国、新加坡、日本等亚洲各国产生了深远的影响。

第一节　儒学的历史地位及其核心内容

知识梳理

在中国传统社会,儒家思想历经时代变迁,不断吸取各家思想合理因素,统摄百家,确保了中国文化所具有的整合力、凝聚力和同化力,从而奠定了其在中国传统文化中的核心地位。"仁"与"礼"是儒学的核心内容。"仁"与"礼"的思想构成儒家"三纲五常"的基本框架,成为中国传统社会的基本价值准则,为维护社会秩序、促进社会发展发挥着重要作用。

一、儒学主导地位的确立

中国文化自其发生期始,就呈现出多元化状态。先秦时期的思想,史称诸子百家。在中国历史上,夏王朝的建立标志着中国奴隶制的诞生,经殷商到西周达到鼎盛时期,史称夏、商、周三代。从西周后期到春秋、战国时期,奴隶制逐渐崩溃,各国相继建立了封建制。秦灭六国,建立了中国第一个统一的封建制国家,完成了从奴隶制向封建制的转变。人们通常

将秦以前称为先秦时期。先秦时期是一个"周室微而礼乐废"的时代。"礼崩乐坏"是这一时期最显著的社会特征。面对旧有的社会伦理秩序解体的社会现实,士大夫阶层开始思考如何在崩溃的礼乐中建立一种新的思想体系。与此同时,各诸侯国在互相竞争、兼并的过程中,为了各自的生存与富强,也迫切需要一套新的理论以谋求富强之道。因此,儒家、道家、阴阳家、法家、墨家、名家、纵横家、杂家纷纷展开思潮言说和交流,呈现出学术多元、百家争鸣的盛况。其中儒、墨、道、法四家具有比较完整的史料和思想体系,并对后世产生了持续影响,逐渐形成了中国传统社会的思想体系。

儒家是以孔子为宗师,崇奉孔子学说的学派,被列为先秦至汉初"九流十家"之首。儒家重视道德伦理教育和自我修养,以仁义为行为准则,重义轻利,并维护君臣、父子、夫妇、兄弟等伦常关系。自汉武帝罢黜百家,独尊儒术,儒学逐渐成为中国传统社会文化的主流。

墨家一开始即以儒家的对立学派面目出现,战国时期与儒家并称"显学",影响极大。前期墨家与儒家展开了一系列政治思想和学术观点的论争。墨家以"兴天下之利,除天下之害"为学说宗旨,并以"兼相爱,交相利"作为实现这一宗旨的基本原则。墨子认为,对行为的道德评判应"合其志功而观焉",即从强调功利出发,将动机和效果统一起来加以评判。在实现道德原则的问题上,强调外力的制裁。墨子的三表法,以传统、知觉经验和国家人民之利三个方面作为判定言论是非标准,要求人们遵行这些外在的标准,并主张去六辟,即去除人主观的情绪或感情的因素。因为这些因素不但妨碍对外在标准的认知,也不利于外在标准的执行。秦汉以后,统治者或崇尚黄老,或崇儒抑墨,墨家逐渐衰微,其学说也成为"绝学"。

道家是以先秦老子关于"道"的学说为中心的学派。道家最初称为"道德家",列为"九流"之一。老子是道家的创始人,提出了以"道"为核心的思想体系,用"道"来说明宇宙万物的本质、构成、变化和本原,主张"道法自然"。在人生目标上,道家主张返璞归真,向往符合自然的生活。所谓自然,即不须心智造作,不须意志挣扎而顺其自然的状态。道又与名、法合流,逐渐形成黄老之学。汉初,黄老之学受到统治阶级推崇,盛极一时。至汉武帝独尊儒术,黄老之风渐衰。

法家主张强化君主专制制度,以严刑峻法治民。战国末期韩非为法家思想的集大成者。他兼言法、术、势,又吸收道家思想,形成一套系统的法治理论。法家以新法代替旧礼,对原始的宗教传统和周礼传统采取了彻底否定的态度。法家不尚空谈,不讲道德,法是唯一标准。人存在的价值即在于作为一个政治的工具。法家的专制理论直接促成了从周代的封建政治到秦代的专制政治的转变。西汉以后,独立的法家思想逐渐消失,其法治思想被吸收到汉代儒家的体系中。

先秦时期,诸子百家内部亦派中有派,诸家思想随着时代的发展而不断变易与创新。先秦时期的诸子百家,两汉时代的经学,魏晋南北朝时期的玄学,宋明时代的理学无不体现其变易性与创造力。也正是由于这种变易性所产生的无穷的创造力,才使中国传统社会思想体系的理论形态不断得以完善和发展。从中国传统社会思想体系的源流演变,我们深切地体认到中国文化的源远流长,博大精深。而对秦、汉以降两千年的中国文化具有定型作用,并对中国传统社会思想体系产生广泛而又深远影响的,只有儒、道两家,其中尤以儒家为最。在中国传统社会思想体系中,儒学历经时代变迁,不断吸取各家思想合理因素,统摄百家,确保了中国文化所具有的整合力、凝聚力和同化力,从而也奠定了其在中国传统社会思想体系中的核心地位。

二、儒学中的"仁"与"礼"

儒学之所以能够在秦汉以后的社会成为一个主导的思想,是因为一方面,儒学中的"仁"能够为社会个体提供安身立命的精神支柱;另一方面,儒学中的"礼"又能够为社会群体维护稳定的社会秩序,适应了传统社会发展的需要。"仁"与"礼"的思想构成了"三纲五常"的基本框架。"三纲五常"是中国传统社会价值体系的基本内容和价值准则。它将政治强制和道德自觉相统一,把社会中每一个人的行为纳入各自轨道,使社会行为带有模式性。这种模式性的出现,正是思想统一、文化统一的必然要求和具体表现。"三纲五常"的出现不但从理论上总结了自先秦至汉代多种流派的发展,而且在实践上适应了传统社会宗法等级制度的需要,对统一思想、统一文化,起到了积极作用,从而促进了社会的稳定与发展。

孔子是我国春秋末期伟大的思想家,儒家学派的创始人。孔子思想的核心是"仁"。"仁"是一个道德概念,指人的某些美好的、善的道德品性。"仁"即仁爱。儒学是以仁爱为中心的道德体系。在儒学的话语系统中,说到人格,是不讨论自然人,而只讨论道德人的。儒家提出的"温""良""恭""俭""让"等德目贯穿着的基本精神就是"仁"。孔子把"仁"作为人的本质,是人之所以为人的根本。论语载"孝悌也者,其为人之本与"(《论语·学而》);"君子而不仁者有矣夫,未有小人而仁者也"(《论语·宪问》);"君子学道则爱人,小人学道则易使也"(《论语·阳货》)。可见,孔子所谓"人",不是生物意义上的存在,而是一种崇高的存在。孔子把众多道德规范皆归束于"仁"。"仁"是其他各种道德行为的基础。孔子把实现"仁"的境界看作是君子人格的根本标志,也是人生的最高理想。所谓"颠沛必于是,造次必于是"(《论语·里仁》)、"仁以为己任"(《论语·泰伯》)、"任重而道远"(《论语·泰伯》),即是这个道理。人生的意义和价值就在于此,人的使命亦在于此。

在儒家看来,"仁"是人之所以为人的最高的道德原则,也是人的最高精神境界。为此,儒家提出修身至善。所谓"至善",即具有"知""仁""勇"这三种品质。孔子曰:"君子道者三,我无能焉。仁者不忧,知者不惑,勇者不惧。"(《论语·宪问》)"知""仁""勇"是君子的理想人格。孔子从众多的道德规范中突出"知""仁""勇",用以描述和规范一个人的全部生活和精神品性。在这三者之中,"仁"是核心,也是统名。"仁"的境界能够而且应当包括"知"和"勇"两者。儒家认为,只有具备"仁"的品质的人,才能"明明德",才能"达则兼善天下,穷则独善其身",才能修身、齐家、治国、平天下。

儒家注重道德践履。如何达到"仁"的境界是儒家学说的主要内容。"为仁之方"意即"仁"的实践方法。儒家的道德实践具有理性自觉的性质，注重主体的道德自觉。论语载"为仁由己，而由人乎哉?"（《论语·颜渊》），"仁远乎哉，我欲仁，斯仁至矣"（《论语·述而》）。儒家提倡推己及人，成己成人。在尊重自身价值的同时，也尊重他人的价值。"己所不欲，勿施于人"（《论语·颜渊》），"夫仁者，己欲立而立人，己欲达而达人，能近取譬，可谓仁之方也已"（《论语·雍也》）。忠恕之道即儒家一以贯之之道。

"仁"关注的是人的内心世界，强调个人道德品质的建设。"礼"则强调上下尊卑的等级秩序，是外在的约束。中国自古号称"礼义之邦"，"礼"即秩序。《左传》云"礼，经国家，定社稷，序民人，利后嗣者也"（《左传·隐公十一年》）。《礼记》云"夫礼者，所以定亲疏，决嫌疑，别同异，明是非也"，"教之礼，使之上下之则"。《国语·楚语上》说的更为简明："明等级，以导之礼。"儒家的"礼"，即宗法等级社会制度的规范。重礼是儒家核心价值体系的又一基本精神。管仲曾将国之"四维"依次列为"礼""义""廉""耻"。"礼"位居"四维"之首，可见对"礼"的重视。"道德仁义，非礼不成"（《礼记·曲礼》），一定的秩序是群体赖以存在的前提和根本保证。

如前所述，孔子的"为仁之方"重在"为人由己"，即注重主体自身的道德修养。孔子还认为，人性的完善也需要"礼"的实践。孔子曰"不知礼无以立"（《论语·尧曰》），"文之以礼乐，亦可以为成人矣"（《论语·宪问》）。人们为了达到"仁"的境界，不仅需要从价值主体的内在修养出发，而且需要通过一种外在力量的约束才能实现。这一外在约束就是"复礼"。《论语》载："颜渊问仁，子曰：'克己复礼为仁。一日克己复礼，天下归仁焉。'"（《论语·颜渊》）通过"复礼"，才能"克己"，只有当主体内在修养与外在条件同时具备，才能"天下归仁"。

孔子曰："导之以政，齐之以刑，民免而无耻；导之以德，齐之以礼，有耻且格。"（《论语·为政》）在孔子那里，"礼"是作为道德实践的外在约束，与价值主体的内在之"德"相对而言的。孔子的"礼"仍然是一种对社会伦理的自觉履行，是一种道德实践。荀子则从治理国家的角度论"礼"："礼者,人主之所以为群臣寸尺寻丈检式也。"(《荀子·儒效》)荀子认为,"礼"是统治者治理国家天下的一种手段。"礼"的本质内容和功能是确定人伦秩序,节制人的欲望本性。荀子曰:"程者,物之准也;礼者,节之准也。程以立教,礼以定伦。"(《荀子·致士》)人们无限的物质欲望与社会物质财富的有限性构成一对矛盾。如果对人们的欲望不加约束与限制,这一对矛盾的冲突必然会引起纷争与混乱。"争则乱,乱则离,离则弱,弱则不能胜物"(《荀子·礼论》),其结果必然导致社会秩序的破坏,社会整体力量的削弱,最终导致个人利益得不到保障。因此,必须以"礼"来维护封建社会的等级秩序,这才是"群居和一之道"(《荀子·荣辱》)。荀子从人的社会性、从社会整体利益的需要强调了社会等级差别的合理性,论证了"礼"对于维护社会秩序,保证社会和谐的必要性。

在儒家思想中,"仁"以个人道德品质为依据,"礼"以社会等级差别的合理性为基础,奠定了儒学的核心观念。两者互为表里,共同构成儒学"爱有差等"的基本原则,规整了人们的行为和心理。"仁"与"礼"犹如两块基石,从不同的方面,用不同的方法巩固维护着封建统治,促进了社会有序状态的形成。它们在理想人格、价值取向和社会心理等文化深层结构方面,影响了中国社会两千多年被奉为中国传统社会的金科玉律。"仁"与"礼"的有序结构结束了这一核心观念出现之前的无序与困惑,为中国漫长的封建社会的稳定与发展作出了特殊的贡献,适应了封建经济关系与政治制度的需要。

至汉代,"废黜百家,独尊儒术",儒学获得了独尊的地位,董仲舒提出"三纲五常"道德论。至此,儒学获得了完备的理论形态,并获得了法律认可。之后,历代统治者均大力倡导,以此作为伦理导向与秩序约束,实现了封建社会的长治久安。

所谓"三纲",即"君为臣纲、父为子纲、夫为妻纲",是"礼"的基本原则和具体体现。"纲"原指网上的总绳。《尚书·盘庚篇》曰:"若网在纲,有条而不紊。"意即,只要提起总绳,就可以迅速并且有条不紊地带动起全网来,引申为主导、支配、核心、宗旨、目的等意。君臣、父子、夫妇是所有社会关系中最基本、最重要的三种关系,只要解决好这三种关系,就可以"张理上下","整齐人道"(《白虎通·三纲六纪》),一切问题便迎刃而解。所谓"五常",原指处于特定关系和地位中的某些人所应当遵从的特殊道德规范。《尚书·泰誓》云:"今商王受,狎侮五常。"孔颖达曰:"五常即五典,谓父义、母慈、兄友、弟恭、子孝,五者人之常行。"[1]后指仁、义、礼、智、信五个德目。"仁"是"五常"之首。

"仁"从主体内在修养与家庭伦理的层面提供价值准则;"礼"从社会外在约束与宗法秩序的层面提供行为规范。在"三纲五常"中,每一个人都有自己确切的位置,每一个人的言行都有具体的约束和规定。这样,作为儒学基本框架的"三纲五常"就以"仁"与"礼"为基本内核,从家庭伦理与宗法秩序两个层面为传统社会提供了一套严整的行为准则,将不同社会角色的人规整到自己的位分之上,使整个社会处于有序的状态之中。

 经典赏析

　　大学之道,在明明德,在亲民,在止于至善。知止而后有定,定而后能静,静而后能安,安而后能虑,虑而后能得。物有本末,事有终始。知所先后,则近道矣。古之欲明明德于天下者,先治其国;欲治其国者,先齐其家;欲齐其家者,先修其身;欲修其身者,先正其心;欲正其心者,先诚其意;欲诚其意者,先致其知;致知在格物。物格而后知至,知至而后意诚,意诚而后心正,心正而后身修,身修而后家齐,家齐而后国治,国治而后天下平。自天子以至于庶人,壹是皆以修身为本。其本乱而末治者否矣,其所厚者薄,而其所薄者厚,未之有也。(《大学》第一章)

　　此即所谓三纲领、八条目之说。三纲领是明明德、亲民、止于至善。明明德是指发扬光大自己内在的完美、光明的德行,这是内圣功夫;亲民

---

[1] 孔颖达.尚书正义[M].北京:北京大学出版社,2000:45.

或作新民（朱熹解）则是将自身完美、光明的德行推而及于他人，使其弃旧自新，换言之，即以德化民，这是外王事业；止于至善是说自君至民，通过修身养性，而达到仁义的至德境界，实现其最高理想。八条目是格物、致知、诚意、正心、修身、齐家、治国、平天下。前五条是个人的内圣功夫，后三条则是推己及人，成就外王事业。八条目规定了由内圣到外王的具体途径。这样，《大学》就把内心的道德修养与外在的治国平天下融为一体，而以内圣作为外王之本。内圣外王成为儒家普遍认同的理想诉求。

《大学》对先秦儒家的"内圣外王"思想作了一个总结性的说明。内圣与外王终究存在着不可克服的矛盾，而儒家处理这种矛盾的方式是所谓"穷独达兼"，即孟子所说："古之人，得志，泽加于民；不得志，修身见于世。穷则独善其身，达则兼善天下。"（《孟子·尽心上》）人生的际遇不同，实现自身价值的手段亦自不同。一个人如果得志（达），最重要的是为民众做好事，泽加于民，这叫兼善天下；如果不得志（穷），那就不得已而求其次，修身见于世，这叫独善其身。兼善天下是外王，独善其身是内圣。即使不能成就外王事业，内圣功夫也是不可少的。可见，儒家虽讲权变，但始终不曾放弃其内圣外王的理想诉求。这也是传统哲学的最大特色之一。

 延伸阅读

1 刘蔚华：《中国儒学的起源》

一、儒学起源的几种理论

关于儒学的起源，许多学者做过考证，说法不一，史无定论。概括起来，大约有以下几种论说。

《汉书·艺文志》："儒家者流，盖出于司徒之官。"由此创立了百家出于"王官之说"。近人章太炎仍持此说，指出："此出于王官之证。"他认为"古之学者多出王官世卿用事之时，百姓当家，则务农商畜牧，无所谓学问也。其欲学者，不得不给事官府为之胥徒，或乃供洒扫为仆役焉。故《曲礼》云：宦学事师。学字本或作御。所谓宦者，谓为其宦寺也；所谓御者，谓为其仆御也。……是故非仕无学，非学无仕。"(《章太炎政论选集》上册，第287页)也就是"不仕则无谓受书"(同上书，第182页)。简言之，古代学术皆出于"王官之学"，民间因专事体力劳动无所谓学问，他们为了求得学问，就必须服役于官宦，才有可能受书治学。诸子之学是"官学"延续的结果，而"官学"则是诸子之学的渊源。这是关于儒学起源的"王官"说。

胡适力辟此说，他根据《庄子·天下篇》《荀子·非十二子》以及司马谈的《论六家要指》《淮南子·要略》等书，都不提"王官"说，"以为诸子之学皆起于救世之弊，应时而兴"。因此，他认为起于"王官"之说，"皆属汉儒附会揣测之辞，其言全无凭据；而后之学者乃奉为师法，以为九流果皆出于王官。甚矣先人之言之足以蔽人聪明也"。因为，"学术之兴皆本于世变之所急"，《周官》中虽然说过"司徒掌邦教"，但是这和儒家"以六经设教"完全不是一回事，司徒之属根本"不知儒家之六籍"，甚至也不是他们"所能梦见"的。他认为，恰恰相反，"王官之学"不废，先秦学术便不能兴起。"诸子之学不但决不能出于王官；果使能与王官并世，亦定不为所容而必为所焚烧坑杀耳。"(胡适《诸子不出于王官论》，《古史辨》四)——这是关于儒学起源的"世变"说。

儒家对于儒学的起源有一套自己的说法。《论语》中称："尧曰：'咨！尔舜！天之历数在尔躬，允执厥中。四海困穷，天禄永终。'舜亦以命禹。"以下还载有汤、周王的誓辞和祷辞以及孔子的论说。这一段文字不长，却将尧舜禹汤、文武周孔一脉相承地连接起来，可以说是"道统"论的开创。因此，《中庸》便归纳为"仲尼祖述尧舜，宪章文武"。孔子曾说："殷因于夏礼，所损益，可知也；周因于殷礼，所损益，可知也；其或继周者，虽百世可知也。"(《论语·为政》)又说："周监于二代，郁郁乎文哉！吾从周！"(《论语·八佾》)这也从夏商周之礼和孔子崇礼的一致性，进一步论述了儒家的道统说。但是孔子并未提出"道统"这个概念。

儒家后人，所谓得了真传的，也都尊崇这一道统，把儒家思想简称为

"孔孟之道"。也是因为孟子自觉意识到自己是"道统"的传人,他说:"由尧、舜至于汤,五百有余岁,若禹、皋陶,则见而知之;若汤则闻而知之。由汤至于文王,五百有余岁,若伊尹、莱朱,则见而知之;若文王,则闻而知之。由文王至于孔子,五百有余岁,若太公望、散宜生,则见而知之;若孔子,则闻而知之。由孔子而来至于今,百有余岁,去圣人之世若此其未远也,近圣人之居若此其甚也,然而无有乎尔,则亦无有乎尔!"他把道统之传,归结为五百年必有王者或圣者兴。孟子距离孔子的时代仅百余年,离孔子的故乡又很近,难道会没有继承人吗?于是,他明确表示:"乃所愿,则学孔子也。"而孔子尽管是后圣,却是"圣之时者也。孔子之谓集大成"。也就是孟子一再强调的:"自有生民以来,未有孔子也。"(《孟子·尽心下》《公孙丑上》《万章下》)他把孔子看成是众圣之冠,并具有永恒性。

这里需要探讨的是,一般都把"圣之时者也",理解为圣人顺应时代的意思。鲁迅曾风趣地解释为"时髦圣人",使得人们更会做这样的理解。其实承接上下文意,这个"时"字是用来说明孔子乃"集大成"之圣,不同于其他各圣,孔子是具有永恒性的圣人。在孟子看来,自己是理所当然接续这个道统的人。以后,从韩愈至程朱,自谓道统的当然继承者,世不乏人,也都把孟子作为孔子道统的传人。他们宣扬道统的深意,在于宣扬儒道之微言秘旨。持这种观点的人,当然要把儒学的起源,直接追溯到尧舜了。——这是关于儒学起源的"道统"说。

此外,还有学者从"儒"字的来历加以考证,以说明儒学的起源。姑可把这种观点称为关于儒学起源的"词源"说。如此种种,不一而足。但以上述三种为最有代表性。这三种说法,来源久远,都有一定的道理。如:"王官"说主要从"王官"与儒学有某些相似的职能来立论;"世变"说主要从儒学产生的历史背景而创说;"道统"说则主要从思想渊源与联系以立训,都不无一定的根据。然而各说又有一定的片面性,都没有揭示必要的历史联系;即如"世变"说,也未曾具体分析究竟是怎样的"世变"才引发了儒学的诞生。因此,从儒学产生与儒家形成的社会根源入手,并吸收上述各说的合理因素,来探讨儒学的起源问题,是从本质上反映历史实际的,因而也是符合历史唯物主义的。

二、"三代"社会的发展与礼乐制度的形成

这里,我们只讲和儒学起源有关联的社会、文化要素。一是商代进一步发展了夏代确立的世袭制,王位继承基本上是父死子继,又辅以兄终弟及。这样可以保证王权不旁落于外姓。但是,这样仍然会在王族内部不断发生子与弟"争相代立"的篡夺争斗。为了政权稳固,权力交替有规则可循,商代从武丁开始设"太子",形成了嫡长子继承制度;由世袭制进而发展出宗法制。在对其祖先祭祀中,已建立了区分"大宗"与"小宗"的礼制。这种世袭制与宗法制,也在贵族与庶民中加以实行,成为调整利益结构、稳定社会秩序的制度。但总的说来,这些制度在商代还很不严密,远不及周代完备。由于权力和利益的层层划分,各守定分,不许逾越,并随之以督责,威之以严惩,这样就确立起等级制度。所以说,世袭、宗法、等级三种制度,构成了奴隶制的支柱。周代完整确立的礼乐制度,实质上就是这三种制度于政治人文方面的表现,是奴隶社会的上层建筑,也可以简称为礼制。早期儒家维护的礼制,归根结底,离不开这三种制度。

二是"学在官府"局面的形成和官员中文化职能的分化。不可否认,进入阶级社会以后,学术思想文化是统治阶级的专利品。最早的学术思想文化都发源于宗教,原始社会"自发的宗教"是人人共有的,表现了生产力的低下与人的愚昧,但没有欺骗的成分。而阶级社会"人为的宗教"则是由统治阶级垄断的、具有至上性的、支撑人间权力的神权。为了改变"民神杂糅",防止群黎乱德,必须"绝地天通"(《国语·楚语下》),这是在神权统治下断绝民人与神相通的措施。在君权神授思想支配下,天子就是天帝之子,充当地与天、人与神之间沟通角色的神职官员,将天帝的旨意传达给天子。相传从舜到夏朝,"皋陶作士以理民。……非其人居其官,是谓乱天事"(《史记·夏本纪》)。这些治民之士,是专门做"天事"的官员,必须精心加以选择。当时的官多称为"正",如"南正"(司天以属神)、"火正"(司地以属民),此外还有"工正""农正"。商代从事神职的官主要是祝(司祭天神)、宗(司祭祖)、卜(司占卜)、史(修史、观星象与管理

文籍典册），这些人都是当时文化水平最高的礼官。到了周代，这些神职礼官又担负着师、保的任务，掌管官府教育与民众教化。而司徒之属则主要管农业、民事、财务、教民耕稼等事务。所谓"学在官府"主要是指前四种礼官从事教育和意识形态的工作，司徒在担负了教民的部分任务后，也主管一部分意识形态的工作。由于宗教世界观在当时的意识形态中占据了支配地位，商代人把"天帝"或"上帝"视为至上神；周代人则信仰"天命"，商周时期的哲学是同政治伦理紧密结合在一起的。《庄子·天下》篇称这个时期的哲学"以天为宗，以德为本"，这是符合历史实际的。这一概括也反映了宗教同哲学、政治及伦理的密切关系。《尚书·盘庚》中，商统治者向臣民宣称："无有远迩，用罪伐厥死，用德彰厥善。"意思是说，不论亲疏远近，犯罪者处死，行善者表彰。这时"德""礼""孝"的思想已产生。周人在此基础上，形成了更为系统的伦理道德观念。从上古传下来的"六艺"，无论是指礼、乐、射、御、书、数，或《诗》《书》《礼》《乐》《易》《春秋》六籍，都是在三代特别是在周代逐步形成的，并作为官学中的重要内容。后来儒家学术就内容而言，主要是将三代逐渐形成的天命、德、礼、孝的思想和礼官掌握的六艺与六书继承下来，并结合时代需要不断有所创新。可见，儒学的起源并非与"王官之学"绝无联系。

三、学术下移与私学兴起对儒学的催生作用

前面，我们已对儒学产生的历史文化前提作了分析，指出了三代文化的积淀及其所具有的农耕文化、家族文化、礼乐文化的基本特征；并从"王官之学"与儒家经典的准备，说明其为儒学的诞生所不可缺少条件；还简略地阐明了周公作为儒家先驱同儒学的渊源关系。但是只说到这些，还不足以说明儒学必然会诞生。因为这还只是一种可能性，要变为现实性，还需要一些必要的现实条件，这就是官学的失落和私学的兴起。只有发展到这个阶段，儒学的诞生才是不可避免的。

首先，"天子失官，学在四夷"（《左传》昭公十七年）。"夷"是在下、在野的意思，不是专指夷人。由于三代屡有战争，朝代更迭频繁，社会动乱不安，特别是西周后期，社会生产逐渐衰落，制度严重懈怠，掌握着学术文

化的礼官也不断流失，官学废弛，典籍散失、流落外方，不可胜数，这种现象至春秋时期更为严重。像史书中提到的《三坟》《五典》《八索》《九丘》等古籍，早已失传。孔子曾说："君子三年不为礼，礼必坏；君子三年不为乐，乐必崩。"（《论语·阳货》）又说："礼失则昏，名失则愆。"（《左传》哀公十六年）西周末至春秋时期，已是"礼坏乐崩"时期。孔子认为，"礼坏乐崩"必然会使社会失去平衡，使人们昏乱、堕落与犯罪。但是"官学"的失坠，并不意味着传统文化的灭亡。孔子说："礼失而求诸野。"（《汉书·艺文志序》）此处的礼，可以理解为广义的官学；野，则泛指民间。官学的废弛，典籍的散失，官学流落到民间，必然促进学术下移的进程。因此从西周末到春秋时期，在社会上逐步形成了一个在野的士阶层，他们拥有一部分官府散失而为民间保存着的文化典籍和知识。这是儒学与儒家产生的历史条件，也是后来百家之学兴起的历史契机。

当然，官学一旦被民间士人所掌握，那就会沿着一条与官学不尽相同的路向发展。孔子和他的弟子们就属于这个阶层，其身世和经历都能证明这一点。应指出，这个阶层是很复杂的，有的是没落贵族的后裔，有的则是从平民中上升的新一代，都汇聚到这里。所以，他们无论在政治态度、思想倾向还是在学术旨趣上，都不可能是一样的。荀子曾经把"儒"划分为"大儒""雅儒""俗儒"，并指出了他们的不同；此外还区分了"在本朝"之儒与"在下位"之儒的不同之处。他们的地位虽有不同，但是只要社会上有儒，前者就可以做到"美政"，而后者也可以做到"美俗"，各自都可以作出各自的贡献。当然，并非"在下位"之儒都是"俗儒"，相反的，"彼大儒者，虽隐于穷阎漏屋，无置锥之地，而王公不能与之争名；……（儒者）通，则一天下；穷，则独立贵名"（《荀子·儒效》）。孟子也说过类似的话："穷则独善其身，达则兼善天下"（《孟子·尽心上》）。这些论述表明了儒士阶层的复杂性。儒家之所以成为先期出现的学派，是和官学流落到民间所产生的肯定性影响有关。儒家成为最先出现的一批来自民间的拥戴者，他们的作为在于运用官方曾经提倡过的礼乐制度、伦理道德反过来要求统治者、希望统治者能够实行贤者政治，推行德治主义政策。这在一定意义上说是有进步作用的。与此同时,儒家学者在伦理道德的内容方面也有所丰富与发展,对此他们是有贡献的。但是,随着社会的进步,历史的发展,士阶层中成长起一批对官学持批判态度的人,从而也就成为儒学的对立面。道家、墨家、法家都对以往的官学和当时的儒学从不同角度进行过批判。同样,反过来说,儒家也批判了其他各家。法家虽然批判了以往的官学,却创立了旨在维护封建中央集权制的新官学。儒家从孟、荀到董仲舒也完成了官学的改造,经汉代封建统治阶级所采取的"霸王道杂之",终于实现了儒法的整合。

其次,儒学的形成,儒家学派的出现,都有赖于私学的创办与发展。孔子正是通过办学授徒、整理古代文化典籍等手段,使传统文化遗产得以保存和流传,并在这一过程中形成了自己的思想体系,教育了弟子,组织了能够信从自己学说的儒家学派。所以,儒家学派的诞生,是经历了一个由传典、立说到办学授徒、组织学派的完整过程的。当时,立说而不授徒的学者,是很少能形成学派的。"祖述尧舜,宪章文武"是儒家的道统;修己安人、"内圣而外王"是儒家的政统;办学授徒、尊师重道是儒家的学统。在孔子时,儒家学派就已经把这"三统"形成为一个很有凝聚力的、既是政治的又是学术的、既是教育的又是思想的实体了。这是儒家学派得以长期存在与发展的内在因素。以孔子创办私学为起点,儒学终于诞生了。

——节选自张秋长、王洪军:《中国儒学史研究》,齐鲁书社 2004 年版,第 1-4、8-10、12-15 页。

2 苗润田:《儒学:宗教与非宗教之争——一个学术史的检讨》

儒学、儒家是不是宗教?中国历史上是否存在一个为大多数人所信仰的全民性的宗教(儒教)?这已成为儒学研究及宗教研究中一个值得注意的学术问题。在这个问题上,研究者大致有两种完全相反的看法。一种观点认为,儒家是一个有宗教意识、宗教仪礼、宗教组织的社会实体,是中国历史上存在的全民信仰的"大宗正教""国教"。就目前情形看,持此论者为部分宗教学研究者,可以称之为"儒学宗教论派",他们的意见是应当重视的。另有观点认为,儒学并不是宗教,而是一种以修己治人、内圣外王为宗旨的学说,中国历史上没有一个像西方那样曾经占有"国教"地位的宗教。持这种观点的学者中,也有不少是颇有造诣的宗教学研究者,可称之为"儒学非宗教论派",他们的意见也应给以充分注意。此外,也有观点认为,儒学具有一定的宗教性,但不是宗教,与宗教有本质的区别。还有观点认为,儒学虽不是严格意义上的宗教,但具有宗教性教化功能,故可称之为一种准宗教。这两种看法介于前两种观点之间,可以分别归属于儒学宗教论或非宗教论之中。

总体上看,研究和探讨儒学是否为宗教,不单纯是一个事实认定的问题,重要的还在于对儒学及其在中国思想文化史上的地位和作用做出合理的价值评判,对其现代意义和未来走向做出尽可能科学的评估。再者,这一研究还有助于深化人们对儒学、宗教的认识。有鉴于是,本文拟从学术史的角度,就儒学是否为宗教的论争加以检讨,以求有助于这一问题的解决。

一、儒学宗教论的提出

关于儒学是否为宗教的问题,这原本不是一个新近才有的话题。早在19世纪末、20世纪初,中国学术思想界就此曾展开过一场激动人心的论争,此后则时有争论,问题一直未能得到满意的解决。

从现有的文献资料看,最早提出儒学宗教论观点的是康有为。还在1886年,康有为就提出,世界上的宗教虽然很多,"不可悉数",但真正的宗教无外乎两种,即孔教与佛教。他说:"其立国家,治人民,皆有君臣、父子、夫妇、兄弟之伦,士、农、工、商之业,鬼、神、巫、祝之俗,诗、书、礼、乐之教,蔬、果、鱼、肉之食,皆孔氏之教也,……凡地球内之国,靡能外之。其戒肉不食,戒妻不娶,朝夕膜拜其教祖,绝四民之业,拒四术之学,去鬼神之治,出乎人情者,皆佛氏之教也。耶稣、马哈麻、一切杂教皆从此出也。"(《康子内外篇》)也就是说,孔教是入世之教,佛教及其他一切杂教则是出世的。所以,他又说孔教是"顺人之情""天理之自然者也",是为阳教;佛教则"逆人之情""去伦绝欲",是为阴教。但无论是"出世"之阴教,还是"入世"之阳教,都是宗教,本质上是一致的。由此把孔学纳入了宗教的范畴,初步表达了以儒学为宗教的泛宗教观。

为了进一步完善其儒学宗教说,康有为于1898年在其《孔子改制考》一书中,就儒教的发生、发展,儒教在中国思想文化史上的地位和作用等问题,用今文经学的方法,作了更为详尽的考证论述。他提出"儒教为孔子所创""孔子创儒教改制""六经皆孔子改制所作""鲁国全从儒教""儒教遍传天下,战国秦汉间尤胜""武帝后儒教一统"等观点,把"述而不作"的孔子塑造成托古改制的"素王",把儒学创始人孔子奉为"万世教主",把儒学改造为"儒教",把儒学发展史描述为与欧洲基督教的发展相类似的儒教史。从而不仅说明儒学是宗教,孔子是儒教的教主,而且也说明儒教是中国历史上存在的全民信仰的"正宗大教"。接着,他又先后撰写了《请尊孔圣为国教立教部教会以孔子纪年而废淫祀折》(1898)、《孔教会序》(1912)、《以孔教为国教配天议》(1913)等文,反复申言儒教为宗教、国教,并在中国近代史上掀起了一场颇具影响的儒学宗教化、国教化运动。

在康有为看来,儒教同其他宗教一样,也有自己的教主、教义、教仪、宗教信仰以及人数广众的教徒。孔子是儒教的创始人,是"文明世之教主""改制之教主",是神而"非谓学行高深之圣者"(《请尊孔圣为国教立教部教会以孔子纪年而废淫祀折》);那种视孔子为教育家、政治家、道德家,把孔子"与夫索格拉底仅明哲学者等量齐观"(《孔教会序》)的观点是完全错误的。他承袭汉代董仲舒及纬书神化孔子的手法,把孔子描绘为一个"天纵之神",说孔子"为苍帝之精,作新王受命"(《中庸注》),"天既哀大地生人之多艰,黑帝乃降精而救民患,为神明,为圣王,为万民作传,为大地教主"(《孔子改制考·序》)。孔子所创立的儒教也不是一般的学说,"其道本神明,配天地,育万物,泽万世,明本数,系末度,大小精粗,六通四辟,无乎不在"(《孔教会序》),具有神道的意味。

康有为又指出,儒教不仅有教主,还有教义。儒教的教义载于"六经","六经"是孔子所作,而不是孔子所述。只是由于"人情皆厚古而薄今,儒者之说,又迂远而难于信,故必借古人以为据,然后使其无疑而易于人。"(《孔子改制考》)孔子还制定了一套法制,如三年之丧、亲迎、井田、学校、选举等,"中国义理、制度皆立于孔子"(同上),因此,"孔子为改制之主,所谓素王也"(同上)。孔子所创的儒教不仅有教义,有法制,而且还有像和尚穿的袈裟一样的"儒服","汉武之后,儒即一统为国教,贤良文学,褒衣薄带,以儒服为章服矣"。所以,后世"凡从孔子教,衣儒衣冠,读儒书者,便谓之儒"(同上)。

儒教还是一个教徒广众、历史悠久的宗教。康有为说:"孔子即改制创教,弟子传道遍天下,或为卿相而立法,或为友教士大夫而变俗。"(《中庸注》)战国时期,孔门弟子将其教推行于天下。至秦时,"服儒衣冠传教者,充塞天下,弥满天下,得游行教导于天下。不知爵禄,不择人主,惟以行教为事。……虽经焚、坑不悔。"直至汉武帝"罢黜百家,专尊儒教",遍设学校,盛行选举,帝王皆受儒通术,儒教从而成为中国之国教。由于儒教"范围不过,曲成不遗,人人皆在孔教中",每个人都是儒教信徒,"故不须立会也"(《孔教会序》)。又说:"孔教昔者以范围宽大,不强人为仪式之信从,……人人虽皆孔教,而反无信教奉教之人。""昔者吾国人人皆在孔教之中,鱼相忘于江湖,人相忘于道术,则勿言孔教而教自在也。"(同上)总之,信奉儒教成了国人的一种非理性、不自觉的选择,"人人皆在孔教中",孔教是中国历史上全民信仰的宗教。

为了进一步说明儒教的宗教性,康有为又指出,大地宗教虽多,但归结到人神关系问题上不外两类:一是言神的神道教,一是重人的人道教。他说:"人之生世,不能无教,教有二:有人道教,有神道教。"而"无论神道人道,其为教则一也",本质上是一致的。所不同的是,"耶、佛、回诸教皆言神,惟孔子之教为人道教"。神道教"皆无与人事,所谓神教非人道也",而孔子之道"道不远人,与时变通,为人道所不能外,故能成其教也"(《陕西孔教会讲演》),更适合人群需要。因此,作为"人道教"的孔教优于其他宗教,具有更为广泛的世界意义和社会价值。

基于以上认识,康有为大力倡导儒教,他不仅以西方近现代学说改造儒学以为儒教教义,而且还为儒教确立了教会机构、宗教仪式、宣道职司和政教分离的立教原则。他不仅上书言说,希望借助于清王朝的政权力量在中国实行政教分立,而且身体力行,力图凭借孔教会的宗教组织把孔教推之于"普天下万国"。

二、近代学者的论争

有趣的是,正当康有为竭力鼓吹其儒学宗教论、大倡定孔教为国教时,其弟子梁启超却唱起了反调,最先从理论上予以驳斥。

梁启超原本是康有为的得意门生,为"保教党之骁将",但他"自三十以后,已绝不谈'伪经',不甚谈改制。而其师康有为大倡设孔教会,定国教、祀天配孔诸义,国中附和不乏。启超不谓然,屡起而驳之"(《清代学术概论》),成为"保教党之大敌"。1902年初,梁氏在《新民丛报》上发表了《保教非所以尊孔论》一文,较全面而深刻地阐述了他在儒学是不是宗教问题上的思想观点。其后,他在《论宗教家与哲学家之长短得失》《论佛教与群治之关系》《孔子教义实际裨益于今日国民者何在欲昌明之其道何由》《儒家哲学是什么》及《清代学术概论》等论著中,又作了进一步地阐发。在他看来,孔子应该尊,孔教应该光大,儒学应该弘扬,因为"孔教者,悬日月,塞天地,而万古不能灭者也"。"孔子实于将来世界德育之林,占一最重要之位"。"孔教之光大,正未艾也!"(《保教非所以尊孔论》)但他又认为,孔子不能神化,孔教不能宗教化,儒学并不是宗教。他公开申明:"虽然吾爱孔子,吾尤爱真理,吾爱先辈,吾尤爱国家,吾爱故人,吾尤爱自由。"(同上)对真理的热爱,对国家前途和命运的忧患,对自由的渴望,促使他"不惜以今日之我,难昔之我"(《清代学术概论》),力驳儒学宗教论之谬。他指出:"今之保教沦者,闻西人之言支那无宗教,辄怫然怒形于色,以为是诬我也,是侮我也。此由不知宗教为何物也。"(《保教非所以尊孔论》)这就是说,要弄清孔教、儒学是不是宗教,关键在于弄清楚什么是宗教;儒学宗教论者的一个理论错误即在于"不知宗教之界说"(同上),没有弄懂宗教为何物,以非教为教。这可以说是抓住了问题的要害。

那么,究竟什么是宗教?梁启超说:"所谓宗教者,专指迷信宗仰而言,其权力范围乃在躯壳界之外,以魂灵为根据,以礼拜为仪式,以脱离尘世为目的,以涅槃天国为究竟,以来世祸福为法门,诸教虽有精粗大小之不同,而其概则一也。"(同上)也就是,尽管宗教的表现形态多种多样、千差万别,各种宗教有"精粗大小"的不同,但它们在"迷信宗仰"即对神的信仰和崇拜上是一样的,都以"出世"为其最本质的特征。而且,各种宗教都"持门户以排外""禁人怀疑,窒人思想自由,……故宗教者非使人进步之具也"(同上)。由此来考察儒学、孔教,梁启超断言"孔教之性质与群教不同"(同上),儒学不是宗教。他解释说:孔子之教"其所教者,专在世界国家之事,伦理道德之道,孔教所以特异于群教者在是"(同上)。而且,孔子"非天也,非鬼也,非神也",并不是什么"苍帝之精""天纵之神",孔子是"人也,先圣也,先师也",是"哲学家、经世家、教育家,而非宗教家也"(同上)。"孔子始终未尝自言为非人,未尝以神通力结信于其徒"(《从孔子教义实际裨益于今日国民者何在欲昌明之其道何由》)。人们通常所说的"孔教""儒教"之"教",实为"教育之教,非宗教之教也,其为教也,主子实行,不主子信仰"(《论佛教与群治之关系》)。在这里,梁启超力求以科学的、理性的眼光来审视孔子及儒学,反对"其师好引纬书,以神秘性说孔子"(《清代学术概论》),把已被康有为扶上神坛的孔子还原为人,阐明儒学重人伦、尚经世的本质特征及其与宗教的根本对立,把已被康有为宗教化的儒家之学还原为世俗之学。这对于人们正确地认识孔子、儒学及其与宗教的关系,无疑是大有裨益的。

梁启超《保教非所以尊孔论》的问世,他对康有为儒学宗教论的非议,揭开了中国近代思想史上关于儒学是否为宗教之争的序幕。康有为的另一弟子陈焕章除积极开展孔教会的活动外,还接连发表文章,反复阐述"孔教之为宗教也,数千年于兹矣"(《论孔教是一宗教》)。"孔教者,中国之灵魂也。孔教存则国存,孔教昌则国昌"(《论中国今日当昌明孔教》)。并联合严复、夏曾佑等人以孔教会的名义,向参、众两院提出"请定孔教为国教"的请愿书,要求将孔教定为国教,载入宪法,"一切典章制度、政治法律,皆以孔子之经义为根据,一切义理学术、礼俗习惯,皆以孔子之教化为依归"。

而在诸多以儒学为宗教的文章中,尤以狄郁的《孔教评议》一文最为详尽、最具代表性。文章说,凡言宗教者皆以信仰天为根据,孔子自言五十而知天命;凡宗教皆以受天委托代表天意为责任,子曰:天何言哉……天生德于予。凡宗教或祀一神,或祀多神,要必视其所祀神,即为天之职司,而对之有赫声濯灵之体认,孔子曰:鬼神之为德,其盛矣乎,视之不见,听之不闻,体物而不可遗。凡宗教者皆以主祭为敛摄心性之具,孔子虽疏食菜羹瓜祭,必斋如也,祭神如神在。凡宗教皆以祈祷为通诚或悔罪之形式,孔子曰:获罪于天,无所祷也。凡宗教皆有宣誓以质信天神,子见南子,子路不悦,夫子矢之,曰:予所否者,天厌之,天厌之。由此可见,"则孔子之教育中,本具宗教精神"(《民国经世文编》第三十九卷),孔教即宗教。

然而,反对者则认为:"孔子者,中国之学术家也,非中国之宗教家也。"儒家是诸子百家之一,"孔学在当时不过列九流中儒家之一耳","如以孔子为宗教,则凡老庄管墨申韩皆可以某教称之,岂理也哉!"儒家的"六经"并非如康有为所说为孔子所作,更不是"儒教"的教典,"孔子所立六经,则皆周史所藏旧典,而孔门之教科书也"。儒教之"教",是教育、教化之"教",而非宗教之"教","观孔门所言之教,皆指教育言,非指宗教言(案:《中庸》修道之谓教,又云自诚明谓之教。郑注皆以礼义释之。《说文》云:教,上所施下所效也。所谓教者,皆指教育、教化而言,故《王制》言七教,《荀子》言十教也。孔子诲不倦即'教'字之确证)。"因此,"'孔教'二字,乃最不合伦理者哉!"(《东方杂志》第1卷第3期)这些意见是中肯的。

在儒学宗教论及立孔教为国教的声浪中,蔡元培、章太炎、陈独秀等学界名流撰文章予以批驳。蔡元培认为,对孔子的学问及其在中国思想文化史上的地位和作用应当充分肯定,"孔子学问文章政治事业,烂如日月,如星辰,果足为百世师表",但"孔子是孔子,宗教是宗教,……义理分别,勿能强作一谈"(《新青年》2卷5号)。不能把孔子与宗教混为一谈,因为"孔子非宗教家,自广大的崇教言之(信仰心),必有形而上之人生观及世界观,而孔子无之,而所言者,皆伦理学、教育学、政治学之范围。孔子自言无可无不可,孟子评为圣之时者,其不立一定之信条可见。自狭义宗教言之,必有神秘思想,而孔子又无之"(《致许崇请信》,《新青年》3卷8号)。也就是说,从广义上看,孔子没有形而上的人生观和世界观,有的只是形而下的伦理道德学说、教育学说和政治思想,不搞信仰主义;从狭义上说,孔子又无神秘主义思想,"故孔子非宗教家,而孔教为不辞"(《再致〈新青年〉记者函》)。他又说:"且宗教之成也,必自其教主立宗系,创仪尚,崇专拜,孔子无一于是焉。故孔子与宗教,其实体一无备焉,其形式无一居焉。"(《在信教自由会上演说》)宗教之所以成其为宗教,需要有教主及其所确立的传法统绪、仪轨制度和所崇拜的神灵对象等要件,而这一切孔子、儒家都不具备,因而不能把孔子、儒家与宗教混为一谈。由这些论述,我们便不难理解,蔡元培为什么早在1912年召开的全国临时教育会上就提出"学校不应拜孔子案",竭力反对"以似是而非之宗教仪式行于学校"(《远生遗著》卷二,第59页)。

章太炎指出,宗教鄙俗、缥缈,中国向来对宗教很冷淡,而专注于政事日用。他说:"盖白伏羲炎黄,……国民常性所察在于政事是用,所务在工商耕稼。志尽于有生,语绝于无验。人思自尊,而不欲守死事神,以为真宰,此华夏之民所以为达。"(《驳建立孔教议》)就一些著名的思想家来看,"老子很反对宗教,他说:'以道佐天下,其鬼不神。'孔子对于宗教,也反对。他虽于祭祀等事很注意,但我们味'祭神如神在'的'如'字的意思,他已明白告诉我们是没有神的。"(《国学概论》)"禘之说孔子不知","孔子亦不语神怪,未能事鬼"(《驳建立孔教议》)。"中土素无国教","今人猥见耶苏、路德之法渐入域中,乃欲建树孔教以相抗衡",这就如同"素无创瘢,无故灼以成瘢"一样,乃"徒师其鄙劣"(同上),是十分愚蠢可笑的。他认为,孔子对于中国历史的功绩主要在于"制历史,布文籍,振学术,平阶级",中国以文尊孔子,"犹匠师之奉鲁班,缝人之奉轩辕,胥史之奉萧何,各尊其师,思慕反本,本不以神只灵鬼事之,其魂魄存亡亦不同";若说孔子为教主,"是则轩辕、鲁班、萧何亦居然各为教主矣"(同上)。孔子是宗师,而不是教主,"孔教本非前世所有,则今者固无所废";将孔教"树为宗教,杜智慧之门"(同上),是不足取的。这里,章太炎通过强调孔子的人文精神与宗教的对立,否定了孔子、儒学为宗教的观点。

1917 年《丁巳》月刊第 2 期曾发表蒯晋德的《非国教沦》,作者提出"尊孔为一问题,奉为宗教为一问题,本有画然之界,而不容相混"。其所以如此,原因在于孔子与宗教家不同,如"孔子罕言利与命与仁,宗教家则每好言命运与慈悲";"孔子事鬼神而远之,宗教家则事鬼神而媚之";"孔子疾不事祷,宗教家则每有灾晦必事祷告,以为忏悔";"孔子尝云,与其媚于奥,宁媚于灶,灶之云者,即良心所在地也。宗教家则不然,或事多神,或事一神,媚之不应且背而之他,不知所谓反躬自省";"孔子答子路问,则曰不知生焉知死,宗教家则恣言生死,或持生死轮回之说,或主灵魂不灭之义,以示奖励之意";"孔子重伦常,宗教有则崇苦寂"。因此,"后之人欲推孔子为历史家教育家"均无不可,但"欲推之为宗教家者,则不佞期以谓不可"。这些论述也都强调了孔子的人文精神与宗教的对立。

陈独秀是"五四"时期批判孔教的风云人物,他坚决反对把儒学看成宗教,反对定孔教为国教。他指出,"孔教"一词,起源于南北朝的三教之争;从严格意义上说,"孔教二字,殊不成一名词"(《再论孔教问题》)。即便是沿袭人们的习惯用法,以"孔教"或"儒教"为一名词,那么这里所说的"教"也仅仅"是教化之教,而非宗教之教"(《驳康有为致总统总理书》)。因为宗教是以灵魂救济为目的,以"出世"为其根本特征的,"宗教实质,重在灵魂之救济,出世之宗也"(同上)。而"孔子精华,乃在祖述儒家,组织有系统之伦理学说。宗教、玄学,皆非所长"(《答俞颂华》)。孔子是一个面向现实的积极的人世者,他不事鬼,不知死,文行忠信,皆人世之教。"其立说之实质,绝无宗教家言",其"立身行己之事,无一言近于今世之所谓宗教家者"(《再论孔教问题》)。由于孔子生活在一个古代宗教思想未衰的时代,所以有时他也"言天言鬼",但那不过是"假借古说,以隆人治","借古说以伸己意",并非"宗教家所谓有命令的、拟人格的主宰之神"(《答俞颂华》)。其"所谓性与天道,乃哲学,非宗教"(《驳康有为致总统总理书》)。概而言之,儒家学说是"人伦日用之世法",非"出世养魂之宗教"(《孔子之道与现代生活》),"孔教绝无宗教之实质与仪式,是教化之教"(《驳康有为论总统总理书》)。儒学宗教论者把孔子说成教主,把孔教变为宗教,是平地起风波,凿孔栽须,是别有用心。

三、现当代学者的分歧

本来,在经过"五四"对孔教的批判之后,儒学的宗教化运动已被遏制,可以说是完全破产了,儒学宗教论也已很少有人坚持。比如在第一代新儒家那里,即不赞成把儒学确认为宗教。拿梁漱溟说,虽然他曾认为儒学"非宗教似宗教",儒家是"以伦理代宗教",或"以道德代宗教"。但"似宗教"并不等于宗教;"代宗教"也只是说它起了宗教的作用,其本身并非宗教。儒学在本质上是道德伦理,而非宗教,这是梁氏的一个基本认识。所以他说:"我曾以孔家是否为宗教问屠孝实先生——他是讲宗教哲学的;他说似乎不算宗教。我的意见也是如此,并且还须知道孔子实在是很反对宗教的。"(《梁漱溟全集》第1卷,第469页)冯友兰也认为"儒家不是宗教"(《中国哲学简史》第3页),中国人"不太关心宗教,是因为他们极其关心哲学。……他们在哲学里满足了他们对超乎现世的追求"(同上书,第4页),是"以哲学代宗教"(同上书,第5页)。

但是,到了20世纪五六十年代,现代新儒家第二代中的唐君毅、牟宗三辈,为了与西方文化中的基督教相抗衡,为了拯救、弘扬儒学,着力强调儒家思想的宗教性及其在中国文化中的宗教性教化功能,儒学宗教论又被重新提了出来。他们在由唐君毅起草,牟宗三、徐复观、张君劢"书陈意见","往复函商",最后共同署名发表的《为中国文化敬告世界人士宣言》中,指出西方学者认为儒家思想中缺乏超越感情或宗教精神,只是一种道德说教和一些外在的规范教条,此乃"犯了莫大的错误"。由于受西学的影响,"五四"运动时期领导思想界的思想家也犯了同样的错误。

在他们看来,中国文化中虽然没有独立的宗教文化传统,没有像西方那种制度化的宗教,但这并不意味着中国民族先天缺少宗教性的超越感情或宗教精神，而只知重现实的伦理道德。其理由是：中国诗书中之原重上帝或天之信仰；而中国过去祭天地祖先之礼中，老百姓家中的天地君亲师之神位，都表现出来浓厚的宗教性的超越感情。其次，儒家的天人合德、天人合一思想，其"天之观念之所指，初为超越现实的个人自我，与现实之人与人关系"（《当代新儒家》，封祖盛编，三联书店 1989 年版，第 15 页），因而也具有宗教精神。再者，中国儒者之言气节，视仁义之价值超越个人生命之价值，以致在必要时可以自觉地杀身成仁、舍生取义，这种即内在于心而又超越个体现实生命的对仁义之价值及道本身的信仰，即是一种"宗教性的超越信仰"（同上书，第 17 页）。可见，儒家思想绝不只是一种道德说教和外在的规范条文，它实包含一统一伦理道德实践与宗教超越精神的形而上学。

　　在这里，虽然尚未明确提出儒学宗教论的观点，但已昭示了他们的致思方向。所以，唐君毅、牟宗三在其后来问世的著作中，就儒家思想的宗教性问题作了多方面的阐释，认定"儒家精神亦有与一切人类高级宗教共同之点，此共同点即其宗教性"（唐君毅：《中国人文精神之发展》，第 373 页），儒学是一种"极圆成"的宗教，或曰"道德的宗教""人文教"。牟宗三说："宗教可自两方面看：一曰事，二曰理。自事方面看，儒教不是普通所谓宗教，因它不具备普通宗教的仪式。它将宗教仪式转化而为日常生活轨道中之礼乐。但自理方面看，它有高度的宗教性，而且是极圆成的宗教精神，它是全部以道德意识道德实践贯注于其中的宗教意识宗教精神，因为它的重点是落在如何体现天道上。"（《中国哲学的特质》，上海古籍出版社 1997 年版，第 103 页）这种理、事二分的宗教观，避开了儒学因缺少宗教仪式等一般宗教所具有的外部特征而无法将其归入宗教的难题，拆除了横在儒学与宗教之间的一道巨大屏障。但是，问题在于儒家的"天道"是否兼具宗教与道德的意味？能否认为只要具有"越超精神"的就一定是宗教精神？能否认定仅有宗教精神、宗教意识，但没有宗教组织、宗教仪式等宗教特征的"宗教"为宗教？这些都还是值得研究的问题。

对于唐君毅、牟宗三的上述观点，在《为中国文化敬告世界人士宣言》的署名者中，亦有不同的看法。徐复观在谈到《宣言》的形成过程时说，由于唐先生的宗教意识很浓厚，所以在《宣言》中也就强调了中国文化的宗教意义。我则认为中国文化原亦有宗教性，也不反对宗教；然从春秋时代就逐渐从宗教中脱出，在人的生命中实现，不必回头走，便把这部分改了。改了以后，寄还给唐先生，但他却未能采纳、接受。由此可以看出，徐复观并不赞成带着一副宗教的眼镜看问题，不赞成唐君毅关于中国文化、儒家思想之宗教性的论述。

张君劢在同期的著作中，则公开反对儒学宗教论。他在《新儒家思想史》（1957年出版）的"导论"中说：

> 儒家是不是宗教？中国人把孔子看作圣人、导师、个人人格修养的典型。甚至佛教从印度传入中国以后，儒家和佛家两套思想体系也立于同等的基础之上，这两套思想体系的拥护者之间，虽时有争论，但从未产生儒家是不是宗教的问题，直到中国和西方接触以后才发生这个问题。欧洲来的传教士——最初是17世纪的天主教传教士，然后是19世纪的基督教传教士——总觉得需要解决这个问题。不过，耶稣会和多米尼教团传教士只涉及崇拜祖先的问题。基督教传教士则集中注意力于儒家宗教的一面。
>
> 例如，苏赫尔在他所著《中国的三大宗教》一书中说"中国有三个被承认的宗教。在三大宗教中，儒家通常被视为国教"，……
>
> 苏赫尔的前辈，牛津大学名教授，亦即经书的翻译者李格，以"我用儒家两字，主要是概括中国古代的宗教"这种态度，企图在他所著《中国的宗教》一书中回答"儒家真是宗教吗？"这个问题。我要特别强调，这种解释儒家的方式完全是西方的。中国学者一定觉得奇怪。中国人从来没有把孔子看作是先知或教主。孔子也从来没有自称为主或光。他说："我非生而知之者，好古敏以求之者也。"又说："未能事人，焉能事鬼？未知生，焉知死？"换句话说，孔子根本不想谈超现

实世界或创立宗教。

苏赫尔和李格尔氏认为儒家思想中含有中国宗教的原始观念,这种看法是不对的,因为中国宗教的根本观念是产生在几千年以前的,是产生在一个孔子无法证实的时代的。孔子只是继续遵守过去许多世代留下来的礼俗,可是,这并不等于建立一种礼拜的方式。下面是孔子自己关于宗教方面所说的话:"祭如在,祭神如神在",换句话说,孔子采取"如"的态度,正如他对来生的态度一样。

因此,我们可以说,在过去两千年中,没有一个中国学者把孔子看作宗教的创立者。印度、阿拉伯或巴勒斯坦有这种宗教的创立者——但中国没有。这就是为什么我把儒家思想看作一套伦理或哲学体系而不看作宗教的缘故。(转引自刘梦溪主编:《中国现代学术经典(张君劢卷)》,河北教育出版社1996年版,第6-7页)

从上可见,张君劢虽为《宣言》的发起人、签名者,但他并不认为儒家是宗教,且反对儒学宗教论。在他看来,儒家思想在本质上是一种伦理或哲学学说,孔子根本不想谈超现实世界,那种以儒学为宗教的观点,不过是西人对中国文化、儒家思想的误解罢了。然而,无论是徐复观还是张君劢,都没有直接就儒学是否为宗教的问题与唐君毅、牟宗三展开讨论。唐、牟之说,随着现代新儒家学术地位的提高,正逐渐为学者们所注意和重视,并且已被某些学者所接受,也谈论起儒学的宗教精神、超越精神来了。

在国内学者中,任继愈先生于70年代末提出理学宗教论之说,随后接连发表了《论儒教的形成》《儒家与儒教》《儒教的再评价》《朱熹与宗教》等文,就儒家与儒教、儒教与宗教的关系、儒教的形成和变化、儒教在中国文化史上的地位和作用等问题,作了较详尽的论述。在任先生看来,早期儒学虽具有宗教意识,但不是宗教;从汉代的董仲舒开始,儒学逐渐演变为儒教,宋明理学则完成了儒教的宗教化。宗教化的儒教虽不具有宗教之名,却具有宗教之实。宗教化儒教的教主是孔子,其教义和崇奉的对象为"天地君亲师",其经典为儒家六经[1],教派及传法世系即儒家的道统论,其宗教组织即中央的国学及地方的州学、府学、县学,学官即儒教的专职神职人员。儒教没有入教仪式,没有明确的教徒数目,但在中国社会的各阶层都有大量信徒。僧侣主义、禁欲主义、蒙昧主义,注重内心反省的宗教修养方法,敌视科学、轻视生产,这些中世纪经院哲学所具备的落后东西,儒教(唯心主义理学)也应有尽有。它给中国历史带来了具有中国封建宗法社会特点的宗教神权统治的灾难。这样,任先生便以一个宗教研究者的思维框架,用批判的眼光,按照宗教的一般式样,把儒教(理学)描绘成了纯粹意义上的宗教。他的这一思想得到其后学的认同和发挥,现已在学术界逐渐形成了一个"儒教宗教论派"(这只是笔者个人的看法和称谓,未必贴切、得当)。

冯友兰、张岱年等学者对此提出了相反的意见。冯友兰认为,道学(即理学)不承认孔子是一个具有半人半神地位的教主,也不承认有一个存在于这个人的世界以外的、或是将要存在于未来的极乐世界。至于说到精神世界,那也是一种哲学所应该有的,不能说主张有精神世界的都一定是宗教。"天地君亲师"五者中,君亲师都是人,不是神。儒家所尊奉的五经四书,都有来源可考,并不是出于神的启示,不是宗教的经典。如果说道学是宗教,那就是一无崇拜之神、二无教主、三无圣经的宗教,而这种宗教事实上是根本不存在的。至于说西方中世纪宗教的东西道学都有,因之道学为宗教,这种推论也是不合逻辑的(《略论道学的特点、名称和性质》)。张岱年先生指出,理学是哲学而非宗教。宗教与非宗教的根本区别,在于重不重生死、讲不讲来世彼岸。理学不信仰有意志的上帝,不信灵魂不死,不信三世报应,不讲来世彼岸,没有宗教仪式,更不作祈祷,故理学不是宗教。儒教之教,泛指学说教训而言;儒教即儒学,并非一种宗教(《论宋明理学的基本性质》,《哲学研究》,1981年9期)。

---

[1] 关于儒教之"圣经",任先生说法不一。有时认定"六经"为儒教经典(《论儒教的形成》《儒家与儒教》);有时则说是"四书"(《朱熹与宗教》);有时又说是"四书""五经""十三经"(《具有中国民族形式的宗教——儒教》)。

从康有为提出儒学宗教论到今天,有关儒学、儒家是否为宗教的论争,已走过了整整一百年的历程。在经历了一个世纪之后的今天,问题不仅没有解决,反而成了一个颇为引人注目的话题。虽然问题依旧,一些论者的论点、论据也与前人之论无异,但我们从中还是可以看出,随着时代的发展变化和论争的展开,无论是儒学宗教论或非宗教论,还是人们对儒学、宗教的态度有何不同,人们对儒学、宗教及其相互关系的认识还是深化了,思想认识水平也都得到了不断的提高。因而,有理由相信,进一步展开对这一问题的讨论,对于深化人们已有的认识将是有益的。

——节选自张秋升、王洪军:《中国儒学史研究》,齐鲁书社2004年版,第21-38页。

3 吴立群:《儒家哲学视阈中公共性问题语境分析》

一、公共性是人的本质属性

人的一切活动都具有某种公共性,或者说都在某种程度上与公共性密切相关。人不是孤立的存在,而是存在于人与他人、人与社会、人与自然所构成的世界中。人们在这一世界的社会交往、公共活动以及公与私的矛盾形成公共性问题。为解决这一公共性问题,人们建立政治体制、制定社会规范、创造历史、开创文化以满足人们的公共生活需要。政治、社会、历史、文化正是人的公共性的展开与表达。公共性是人的本质属性。公共性具有现实与超越两个向度。人的现实生活是公共性现实向度的展开。

人们身处现实世界,却向往理想生活。人不仅要实现自我,而且要超越自我。人们对理想生活的追求以及对自身人格的完善,正是人对自我超越的要求与反映,是人的公共性超越向度的表达。无论是西方社会的"乌托邦",还是中国传统的"大同"之世,都是人们对理想生活的向往与追求,是人类千百年来对现实生活的理性反思与超越。这一反思与超越正是现实生活的美好愿景与前进动力,是现实生活展开的前提和基础。人们的现实生活总是自觉或潜意识地受制于自己对理想的追求以及对未来的展望。在历史的变迁中,人们总是不断地设定将来的理想目标以超越以往的生活样态。现实总是处于不断地超越历史、向着未来的过程之中。这一过程离不开公共领域。对这一过程的反思与超越同样离不开公共领域。人在公共活动中超越自我,实现人的本质属性。

人虽生而有限却渴望无限。正如高清海先生所言:"人是生命本质,人并不把自己局限于脆弱的生命,人还有着超生命的永恒本质;人是个体存在,人也不以狭隘的个体形态为满足,人还有着超个体的无限存在形态;人以自我为中心,人并不封闭自己于孤立的自我牢笼,人同时融合了广漠的非我天地……一句话,人即世界,世界即人。"[1]人的存在是有限的,人对理想生活的追求却是无限的。对永恒的渴望与追求是人们实现现实生活、创造理想生活的重要动力。在公共性论域中,人的本质属性即人性无疑是一条明晰的线索和纽带。人性论是考察现实生活和理想生活的内在根据。

中国哲学关于人性的讨论语焉而详,而尤以儒家为最。儒家哲学对人性的表达兼具现实性与超越性两个向度。儒家既要为现实的政治生活和社会生活提供制度安排和秩序安排,同时又要为现实的政治生活和社会生活提供终极的意义。前者是儒家对人性的现实向度的表达,后者则是儒家对人性的超越向度的思考。现实生活是儒家哲学的立足点。建立社会基本制度体系、制定人们交往行为的普遍规范,是儒家入世的途径和手段。然而,儒家并不停留于现实生活。儒家认为,安顿人们的现实生活固然重要,但更根本的则在于通过儒家的圣王、圣君、圣贤理想人格的示范与引导,营造超越现实、追求理想的道德生活。在儒家话语系统中,"人"不是一个生物意义上的存在,而是一种崇高的存在。对人性的超越是儒家努力的方向与最终目标。

儒家的理想社会是"大同"之世。是否有"道"是衡量这一理想社会的标准。有"道"是理想状态,然而现实却经常处于无"道"之中,或者说"道"

---

[1] 高清海.高清海哲学文存·续编(卷二)[M].哈尔滨:黑龙江教育出版社,2004:49.

未能显现。正是基于对"道"的追求，儒家提出"礼"与"仁"的思想来建立社会基本制度，并对人们的社会交往行为提出普遍的形式化的规范，以安顿人们的现实生活。"礼"的制定保证社会的稳定有序，"仁"的倡导促进社会的安定和谐。"礼"与"仁"将政治强制与道德自觉相统一，构成儒家独特的伦理政治结构，实现了儒家治国安邦的政治目标。如果说"道"是儒家对人性超越向度的思考，那么，"礼"与"仁"则是儒家对人性现实向度的表达。

"礼"与"仁"是就现实生活而言的，人们在现实的公共活动中实现自我，实现人的本质属性。人性的现实展开离不开公共领域，人性的超越同样离不开公共领域。个体有限生命何以可能无限是人性论当中需要回答的问题。儒家并非通过宗教，诉诸上帝、神化解人的存在的焦虑，而是以"三不朽"理论实现对人的终极关怀。儒家认为，人们可以在公共活动中通过道德修养（"立德"）、著书立说（"立言"）、建功立业（"立功"）而名留青史、永垂不朽。人们只有在社会交往中才能提高自身的道德修养，只有在公共活动中才能完成理想人格的塑造。可见，在儒家那里，公共性是人们对自身提出的一种道德要求。唯其如此，人才能够真正成为人。

关注社会现实、重视对人性的讨论是儒家哲学的主要特点。儒家哲学思想围绕理想社会与人生意义的实现而展开。前者从人性出发，就"家""国""天下"的稳定与和谐进行制度设计与建构。即由"己"出发，经"修身""齐家""治国""平天下"的路径达到治国安邦的政治目的。在实现"礼"的秩序的同时，又以"仁"的和谐化解"礼"的紧张。"礼"与"仁"共同构筑社会稳定和谐的基础；后者就个体有限生命何以可能无限这一问题，设计实现人生意义、获得不朽价值的途径和方法，以化解人的存在的焦虑，提供人们安身立命的精神支柱。由此可见，以人为本的治学风格和治国安邦的入世态度决定了儒家哲学核心内容必然围绕公共性而展开。伦理与政治的紧密相连又使得儒家公共性思想独具特色。

对人类生活进行自觉反思是哲学的本性。回应时代的主题是哲学的职责和使命。儒家哲学历经时代变迁而不断发展，成为秦汉以后中国传统社会的主导思想,其核心思想一脉相承,其理论形态丰富多样。先秦子学、两汉经学、魏晋玄学、宋明理学、清代朴学、现代新儒学正是儒家哲学在各个历史阶段对不同时代主题的思考与回应,其中对公共性的表达也因时代主题的不同而有所不同。就总体而言,儒家对公共性的关注仍基于共同的话语背景,各个时期的理论形态仍然具有一致性与普遍性。这一致性与普遍性亦表现为,儒家哲学在为整个社会秩序提供合法性支持及终极意义的过程中建立了其公共性理论,同时儒家哲学的公共性理论本身也会通过建立某种社会秩序、提供某种终极意义而使其自身获得公共性。

二、儒家公共性的超越向度:"道"

春秋战国时期,周天子王权旁落,战火频仍,民不聊生。面对"礼崩乐坏"的局面,先秦诸子围绕如何恢复社会政治秩序,重建伦理纲常展开思潮言说和交流,呈现出学术多元、百家争鸣的盛况。诸子百家都力图为社会变革提供有效的价值支持和制度设计,纷纷提出各自的思想路径及解决方案。在对传统礼乐秩序进行反省的基础之上,儒家重新理解传统礼乐秩序的精神实质,建立起儒家哲学体系。儒家以"三代"之治为治国理想;以仁义道德为安邦原则;以建立在宗法血缘基础之上的道德自觉为精神方向;以伦理秩序的理性建构为实践方案,其统摄人心、观照现实的内在力量使其成为变革时代的主流学派。儒家哲学的内在逻辑及历史地位表明:"经典的神圣权威性不是先验决定的,而是在共同体的文化生活实践中历史地实现的,是在人与人、人与历史的关系中建立起来的。在中国,更是在文化交往、语言交往和礼仪实践中建立起来的。一个经典之成为经典,在于群体之人皆视其为神圣的、有权威的、有意义的,在这个意义上,经典的性质并非取决于文本本身,而取决于它在一共同体中实际被使用、被对待的角色和作用。"[1]

"道"是中国哲学中最为崇高的概念。先秦诸子百家无不论"道",并

---

[1] 陈来.古代思想文化的世界[M].北京:生活·读书·新知三联书店,2002:171.

均以"道"为宇宙万物的本源。在儒家那里,"道"作为一种政治理想和精神追求,代表了儒家的政治理念和礼制秩序的精神价值,是现实政治的终极价值根据和意义根源。"道"既是儒家的理想追求,也是现实社会的衡量标准。它既高于现实的政制模式,又不离现实的社会生活。

《周易·系辞上》曰:"形而上者谓之道,形而下者谓之器。""道"作为宇宙万物的形上本体遍及整个世界。它不仅贯注于人与自然的秩序建构之中,而且贯注于人与社会的秩序建构之中,还贯注于人的心灵的秩序建构之中。儒家以天、地、人共同构成一幅和谐有序的世界图景。在天、地、人三者之中,人最为天下贵。人之所以"最为天下贵",就在于人能"赞天地之化育",而"与天地参"(《礼记·中庸》)。因此,对"道"的体认和把握成为儒家哲学的中心内容。儒家希望通过对"道"的探求,解决人类生存的现实问题,并从根本上找到人类生存的终极意义。由此,儒者以"道"为其毕生追求,所谓"士志于道,而耻恶衣恶食者,未足与议也"(《论语·里仁》),"谋道不谋食","忧道不忧贫"(《论语·卫灵公》),"道不同,不相为谋"(《论语·卫灵公》),"朝闻道,夕死可矣"(《论语·里仁》)等,所表达的正是儒者誓将"人道"与"天道"贯通为一的道德信念与人格力量。儒家以"道"的理想作为自己的政治信念。这一信念不仅源于人性的深刻需求,而且已作为一种思想传统、化作一种精神力量,代代相传。对"道"的深切关注和深邃洞察使得儒家在对现实的关怀中始终保持着对现实的自觉与超越。

"道"是儒家关于政治秩序建构的基本精神,也是衡量现实政治昌明的标准。所谓"有道",即合乎儒家的政治理念和精神追求;反之,即"无道"。有"道"的社会是儒家的理想社会。儒家认为,历史上的确存在这样一个时期,那就是圣王统治的"大同"之世。在圣王统治的时代,社会风俗美善,百姓安居乐业。《礼记·礼运》谓:

  大道之行也,天下为公。选贤与能,讲信修睦。故人不独亲其亲,不独子其子。使老有所终,壮有所用,幼有所长,矜寡孤独废疾者,皆有所养。男有分,女有归。货,恶其弃于地也,不必藏于己;力,恶其不出于身也,不必为己。是故谋闭而不兴,盗窃乱贼而不作,故外户而不闭。是谓大同。

这是一个互助互爱、秩序井然的太平盛世。"天下为公"既是理想社会的最高原则,又暗含现实社会之"所以然"。实现"天下为公"的手段是"选贤与能,讲信修睦",所要达到的效果是:人们选举贤良治理社会,讲诚信、爱和平。老人都能得到赡养,儿童都能得到抚育;男子都有职业,女子都有归宿,矜寡孤独也都能够得到照顾;没有权利之争、没有利益之夺、没有阴谋诡计、没有战争纷扰;路不拾遗,夜不闭户。"大同"社会所表达的是儒家对于社会理想的一种终极信念,它源于真实而深刻的人性。人的生活活动与动物的生命活动的本质区别就在于,人对其生命价值和意义的普遍关注和高度自觉。人的精神生命的真实历程因对人生意义的思考而开启。这一思考体现了人性的尊严和高贵。对"道"的追问是儒家高度自觉的思想主题和致思目标。在"道"的指引下,人的生命有了意义,社会发展有了方向。

"大同"之世是尧、舜圣王统治的时代。当"天下为公"的最高原则转变为"天下为家"时,私利、争夺、冲突和战争便随之而来。于是,禹、汤、文、武、成王、周公便不得不建立礼制以维护社会秩序。《礼记·礼运》谓:

> 今大道既隐,天下为家。各亲其亲,各子其子,货力为己。大人世及以为礼,城郭沟池以为固,礼义以为纪,以正君臣,以笃父子,以睦兄弟,以和夫妇,以设制度,以立田里,以贤勇知,以功为己。故谋用是作,而兵由此起。禹、汤、文、武、成王、周公由此其选也。此六君子者,未有不谨于礼者也,以著其义,以考其信,著有过,刑仁讲让,示民有常。如有不由此者,在执者去,众以为殃。是谓小康。

大道衰微之时,人们各自只敬爱自己的双亲,只慈爱自己的子女。财物和人力都据为己有,谋算欺诈甚至战争由此而兴起。禹、汤、文、武、成王、周公正是此时出现的治国英才,他们以"礼"来彰明大义,明察过失,提倡仁爱,讲求辞让,向人们昭示为人与治国之常"道"。如有违礼者,即使是君主也要被罢黜,人们都把他看作是"道"的祸害。"小康"之世是一个以"礼"来规范和调节的现实社会。"礼"所要维护的正是"道"。"礼"的目的是为了使衰微之"道"得以显明。

"道"是人间秩序建构的价值标准,是现实政治的合法性基础。儒家倾心于王道之治,其复礼复古的主张实际上是对现实社会的深切关怀,是重建秩序的理想,是将价值理想与现实秩序相结合的永恒追求。因此,儒家从未停留于对"道"的悬想,而是立足于现实的社会生活和政治生活,通过它所设计的秩序来实现"道"的理想。在儒家看来,王道政治并非纯粹的空想,在古代圣王之时王道政治就真实地出现过;王道政治亦并非只是理论的设定,而是基于人性的要求,源于人的生命深处,是人的价值理想和人的尊严的展示,因此,王道政治不仅在过去存在,现在、将来也应该存在,并且一定会存在。"道"不仅是应然的,而且是实然的。所谓"道也者,不可须臾离也,可离非道也"(《礼记·中庸》)。现实秩序必然随历史的变迁而有所损益变革,但代表现实秩序的精神方向和意义根据的"道"却始终如一。

三、儒家公共性的现实向度:"礼"与"仁"

"大同"之世是儒家的政治理想。这一政治理想与其说是儒家对未来社会的展望,不如说是对现实社会的规范。周礼正是将这一政治理想体现于现实社会的典范。春秋时期,"周之子孙日失其序"(《左传·隐公十一年》),宗法人伦秩序遭到破坏,在宗法制基础上建立起来的周礼日趋衰微。正因为如此,先秦儒家对昔日的礼乐系统进行理性审查和深度阐释,力图恢复礼乐系统的权威性及有效性,以规整社会秩序,实现"道"的理想。此后,儒家始终以阐释和弘扬传统精神价值作为自己的崇高思想使命,以重建社会政治秩序作为自己的理想和信念。

儒家倡导礼制。礼的设计是基于人性的基本要求,即人之"七情""十义"。《礼记·礼运》云：

> 故圣人耐以天下为一家，以中国为一人者，非意之也。必知其情，辟于其义，明于其利，达于其患，然后能为之。何为人情？喜、怒、哀、惧、爱、恶、欲，七者弗学而能。何为人义？父慈、子孝、兄良、弟悌、夫义、妇听、长惠、幼顺、君仁、臣忠，十者，谓之人义……故圣人之所以治人七情，修十义，讲信修睦，尚辞让，去争夺，舍礼何以治之？

"礼"围绕着人的生命过程而展开。"礼"既是外在的仪式、仪礼，同时也是内在的道德规范，并且代表着合理秩序的社会制度。周礼通过确定各种政治等级及其隶属关系，强调人的等级地位，使天子、诸侯、卿、大夫、士，以至于庶人都各安其位，各司其职。每个人都按照各自的社会角色履行各自的社会职责，不得僭越，从而实现社会政治的有序化。孔子认为，正是僭越扰乱了社会的等级秩序，破坏了社会的稳定和谐。因此，孔子主张恢复西周之礼。在孔子看来，只要复礼，就能结束"礼崩乐坏"的混乱局面，就能实现社会的有序与和谐。

至战国时期，七雄争霸，传统礼制越来越丧失了维系社会政治秩序的功能，几近瓦解。荀子继承和发展了孔子有关"礼"的思想观念，形成系统的"礼制"。荀子论"礼"首先从人禽之辨开始。荀子曰：

> 水火有气而无生，草木有生而无知，禽兽有知而无义；人有气、有生、有知，亦且有义，故最为天下贵也。力不若牛，走不若马，而牛马为用，何也？曰：人能群，彼不能群也。人何以能群？曰：分。分何以能行？曰：义。（《荀子·王制》）

在此，荀子揭示了真正的属人的世界。荀子认为，人禽之别在于人能"群"。所谓"群"，即一个有秩序的共同体，"礼"即此秩序。荀子把这样一个由"礼"维系的有秩序的和谐共同体称为"群"。也就是说,人的社会生活、政治生活所展示的是一种有别于动物生命活动的生活活动,"群"和"礼"正是人的现实生活的真实场景。对人而言,个体生命历程的自觉始于对"群""礼"的关注。荀子的"群"和"礼"表明,公共性是人的本质属性。

公共性是儒家人性论的理论前提。荀子认为,人类社会"群"与"己"的关系与"道"与"万物"的关系是一致的。"道"是"万物"成立的根据,"万物"是"道"的体现。"道"与"万物"的关系即全体与个体的关系。荀子曰:"万物为道一偏,一物为万物一偏。愚者为一物一偏,而自以为知道,无知也。"(《荀子·天论》)"道"是全体,它既与每个个体相关,又高于任何个体。所谓知"道",即能正确把握人与自然以及人与人之间的关系,也就是能够通过解"蔽"而达于"衡"。如其所云:"圣人知心术之患,见蔽塞之祸。故无欲无恶,无始无终,无近无远,无博无浅,无古无今,兼陈万物而中悬衡焉。是故众异不得相蔽以乱其伦也。何谓衡?曰:道。故心不可以不知道。"(《荀子·解蔽》)荀子认为,人的世界包括人与人的关系以及人与自然的关系。就前者而言,个体必须从"群"的立场出发,才能正确处理人与人的关系,否则将"相蔽以乱其伦";就后者而言,人类作为全体又必须从"道"的立场出发,才能正确处理人与自然的关系,否则难以"兼陈万物"。两者关系的正确处理谓之"衡","衡"即解"蔽",解"蔽"即知"道"。

至荀子,儒家礼制已相当完备,并渗透到公共生活的方方面面。"礼"不仅涉及个人待人接物的态度、言行举止的仪表,还关乎人能否在社会立足、事功目标能否实现、国家能否安宁等重要内容。自战国末期至西汉初,形成《仪礼》《周礼》《礼记》,号称"三礼"。《仪礼》中仪规典章纷繁复杂,包括:士冠礼、士昏礼、士相见礼、乡饮酒礼、乡射礼、燕礼、大射(仪)、聘礼、公食大夫礼、觐礼、丧服、士丧礼、既夕(礼)、士虞礼、特牲馈食礼、少牢馈食礼、有司(彻)等共计117项,对人们的社会生活进行了全面、详尽的礼仪规定。其中最主要的公共活动包括朝觐、聘问、丧祭、乡饮酒、婚姻五项。朝觐,即诸侯、大臣觐见天子。"觐礼"对宫殿的尺寸、摆设、颜色以及不同爵位诸侯的位置安排等均有严格的规定。煞费苦心的仪规与布置的繁琐彰明君臣之间关系的实质,即所谓"君臣之义"。"乡饮酒之礼"是中国传统社会中的宴席之礼,对主宾相迎、入席、开宴、离席相送等均有详尽规定。宴席并非主要为吃肉饮酒,而是为了在这一社会交往活动中明确各自的身份,即"明长幼之序"。

总之,"礼"使人们明辨君臣、上下、尊卑、贵贱、长幼之别,并为人们的行为确定规矩和尺度,从而使人的生活活动与动物的生命活动具有本质的区别,显示出人性的高贵与尊严。人们在遵从"礼"的威严的同时,自身的人格也得到了尊重。在传统社会,依靠道德的感召力整合社会与国家、家庭与家族、人与人是政治有序、社会安定的重要手段。儒家倡导礼制,即将伦理道德转化为一定的规范体系,通过"礼"的外在规定与强制约束,使社会秩序化。由此可见,"礼"就是浸透了伦理道德精神的仪规典章。

在中国传统社会,儒家把伦理道德观念在一定的场所,通过一定的仪规典章传授给民众,即以伦理道德的文化价值来作为社会秩序及社会成员具体行为的准则,起到了显著效果。人们在不知不觉中体认了"礼"之精神,并将其化为日常生活的行为准则。正如费孝通先生所言:"礼并不是靠一个外在的权力来推行的,而是从教化中养成了个人的敬畏之感,使人服膺;人服礼是主动的。礼是可以为人所好的,所谓'富于好礼'"[1]。儒家重教化。所谓"教化"即"教"而"化"之,"教"是外在的影响,"化"则是内在的反省。教化即通过外在影响促使内在反省。通过"礼"的教化,一方面,儒家的伦理道德观念在公共生活中得到体现,"礼"的公共性得以实现;另一方面,人们在现实生活中对"礼"的尊奉和恪守又使"礼"自身获得了公共性。

孔子重"礼"、循"礼"。《论语·乡党》记载了孔子在朝政、居家、交友、

---

[1] 费孝通.乡土中国 生育制度[M].北京:北京大学出版社,1998:51.

饮食起居、言行举止等各方面处处遵循礼仪的事迹。所谓"非礼勿视,非礼勿听,非礼勿言,非礼勿动"(《论语·颜渊》)也反映了孔子对"礼"的重视。孔子重"礼",更重视的是"礼"之精神。《论语》载:"礼云礼云,玉帛云乎哉"(《论语·阳货》)、"林放问礼之本。子曰:'大哉问!礼,与其奢也,宁俭;丧,与其易也,宁戚'"(《论语·八佾》),都表明孔子更为重视的是"礼"之精神。在孔子看来,要从根本上解决国家与社会的治乱问题,必须为"礼"建立牢固的价值根基,这一价值根基就是"仁"。

"仁"的本义就是"人"。"仁"在内涵上与"人"有相互贯通、圆融之处。因此,"仁道"也就是"人道"。孔子提出"仁者,人也""仁者,爱人"(《论语·颜渊》)的思想,将"爱人""亲亲"确定为"仁"的基本规定。仁爱即血缘亲情的显发和推广,这种基于血缘亲情的爱是符合人性的。在孔子看来,"仁"即人的本质,是人之所以为人的根本。儒家向来自觉于"人禽之辨","成人"是儒家的核心话题。所谓"成人"即使人成其为人,即启发人性的自觉,从而肯定人在世界中的地位、作用和价值。儒家认为,道德修养不仅在于个人的人格完善,还在于个人对社会的贡献,其最终终目标是上达"天道",即实现"与天地合其德"(《周易·文言》)、"与天地参"(《礼记·中庸》)的崇高境界。当人的道德修养达到这一崇高境界,便会对社会命运、人生命运具有深刻的洞察力,并能参天地、赞化育、"德博而化"(《周易·文言》)。"仁"即此最高境界。在"仁"的境界中,人充分地体现真实的人性,并积极地参与宇宙的大化流行。在儒家那里,"仁"虽为道德修养的最高境界,却发自人的本心,源于人最真实的情感。这样,"仁"作为内在的精神秩序为"礼"的外在规范的合理性提供了人性依据,即"礼"的外在规定性在"仁"那里最终落实为内在的伦理精神,儒家政治秩序的合理性与权威性具有了牢固的心性基础。

在现实生活中,人们通过"礼"与家族、社会、国家的整体秩序保持统一;同时又在"仁"的追求中自觉人的本质,"上下与天地同流"(《孟子·尽心上》),实现人的生命意义。"礼"与"仁"既为社会生活、政治秩序及个体安身立命确定了价值标准,又在社会整合与社会均衡中发挥着重大作用。

自此,作为儒家核心思想的"礼"与"仁"始终以一贯之,对社会制度的焦虑和对生命终极意义的关切成为儒家哲学的致思取向。

综上所述,公共性是人的本质属性。公共性问题在儒家哲学视阈中具有特殊的语境。基于人性论的立场,儒家公共性表现为现实与超越两个向度。作为对超现实的社会秩序和精神价值的需要和追求,"道"体现了儒家公共性的超越向度,是人对自我超越的内在需求。"道"既具有超越性又兼顾现实政治的可操作性,并且始终处于动态的实践过程中。儒家以"道"为其价值理想,为现实社会进行制度设计和秩序安排。"道"只有在有待完成的制度设计和人生追求中,才能取得实在性、现实性。儒家认为,现实社会的混乱与失序的根本原因在于"道"的失落。对"道之不行""道之不明"(《礼记·中庸》)的忧患正是儒家对现实生活的深切关怀。儒家对现实制度的批判及对道德问题的关注均以某种价值的确信为其前提。这一确信即来自对"道"的信念。

在现实向度中,儒家所强调的"礼",并非"礼"之具体规定,而是"礼"之精神;儒家所强调的"仁",亦非"仁"之具体规定,而是"仁"之精神。"礼"与"仁"之精神即"礼"与"仁"对于社会、政治和人生所具有的价值和意义,亦即蕴涵于"礼"与"仁"之中的"道"。"道"是衡量现实国家的标准。所谓"有道"即"礼"与"仁"的和谐统一。在"礼"与"仁"的活动中,一方面,儒家的伦理道德思想现实化为公众的伦理实践,"礼"与"仁"的公共性得以实现;另一方面,通过"礼"与"仁"的实践,公众对儒家伦理道德形成了普遍认同,又使得"礼"与"仁"自身获得了公共性。

——《孔子研究》2013 年第 2 期,第 48 - 56 页。

 问题思考

1. 儒学为什么会发生在中国?
2. 儒学是宗教吗?如何理解"儒学"与"儒教"的关系?
3. 如何理解仁与礼的现实意义?

第二节 新儒学的兴起与流变

继先秦诸子、两汉经学、魏晋玄学、隋唐佛学之后,宋明理学是儒学发展的又一新阶段。宋明理学以儒学为主,同时吸收佛、道思想,以"性与天道"为论说中心话题,是哲学化的儒学。

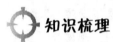 知识梳理

理学是中国传统儒学在宋、元、明时期的主要表现形态。在宋、元、明近七百年(公元 11 世纪至 17 世纪)的历史过程里,理学思潮开转启合,高潮迭起,在其自身内在发展逻辑的支配下,也在各种外缘力量的作用下,曾出现几次重大的嬗变,形成了几个不同的发展阶段。

儒家思想自秦朝之后起伏不定,由盛而衰,儒学之所以能够成为封建统治学说,是由于它与中国封建时代的小农经济、宗法制度以及大一统政治结下了不解之缘。因此,可以说,把儒家学说作为占统治地位的思想学说,这是一种必然的时代的选择,只要中国的政治、经济、社会结构没有发生根本性的转变,恐怕就很难有别的选择,中国古代社会的必然历史取向就是选择儒家学说作为其统治思想。因此,儒学地位下降的趋势不可能长久地持续下去。但是,儒学要想重新获得至高无上的地位,首先必须经历一场自身的改造更新运动,以增强其与佛道思想的抗衡力量。儒学的改造更新是一场具有划时代意义的文化变迁运动。它的实质就是要消化外来的异质文化,重振儒学,恢复它作为统治思想的独尊地位。因此,儒学的改造更新,关键在于亟须强化其统摄人心的作用。稍具体点说,就是把儒家本来日用伦常的"心""性""理""道"等范畴拔高和升华,赋予其宇宙论、本体论的意义,并立足"此岸",以"超越"而不离世的方式,对佛道两家所提出的各种涉及人生"终极关怀"的宗教和哲学问题,作出新的、儒学化的回答与再解释。这是一种新的思想形态,它不同于先秦以来的儒学

形态,但却又保持了传统儒学的基本特征。从这个意义上说,把理学名之为"新儒学"也未尝不可。

北宋理学,作为宋明理学的发展演变的第一个大的发展阶段,约崛起于宋仁宗的庆历年间,由范仲淹、欧阳修以及胡瑗、孙复、石介等人开其端,逐渐形成了一股否定汉唐笺注经学,批判魏晋隋唐以来盛行不衰的佛、道二教,排斥六朝以来四六骈文,极力主张复兴儒学的思想潮流。到宋神宗的熙宁、元丰年间,这一思潮达到了高峰,涌现出了周敦颐、张载、"二程"、邵雍、王安石等一批杰出的思想家,他们探讨"天地万物之源""道德性命之本"以及"天人之际"等哲学根本问题;他们以儒家经典为依据,尤其重视发掘儒经中《易传》《大学》《中庸》《论语》《孟子》,建立起了自己的理论,重新恢复了儒学的权威,以对抗佛、道的思想学说;同时又不同程度地吸收整合了佛、道二教的学说,使中国哲学进入了一个新的历史发展时期。北宋的理学思潮,除了具有宋明理学的一般特征之外,还有其不同于以后诸阶段的自己的特征。这些特征可以简单地概括为三点:一是思想解放,二是创新开拓,三是"内圣"与"外王"并重。

南宋时期是又一个高峰。在这一时期中,理学方面的人才辈出,学派林立,出现了朱熹、陆九渊、张栻、吕祖谦等十分重要的理学大家。理学内部的诸多派别于此时得到了很大的发展,理学之外的其他学派也与之争奇斗艳。理学家之间的讨论、争辩,理学家与功利学派思想家之间的争论、辩难等,呈现出一派颇为热闹的景象。而由北宋时期出现的许多理学的概念、范畴、命题,在这一时期逐步开始走向深刻和邃密。到南宋的中后期,理学的主流派正式形成。其中以朱熹为代表的"程朱理学"一派,在经历了长期被压制的磨难以后,最终得到了官方的承认,逐步开始向官方哲学的方向发展。

元朝理学的基本特征,至少可以归纳为两点:其一,元朝理学是以程朱理学为基本内容而又有所发展,而所谓的发展,实际上是以陆九渊的"心学"去补充朱熹学术思想之不足。这样一来,元代理学便呈现出调和朱陆的倾向,为以后理学的发展提供了新的机会和可能性。其二,元朝理学对两宋尤其是南宋理学的空疏之风,有一定程度的纠正:一是强调要注重实际,学术与现实生活必须联系起来;二是针对宋儒凭己意空发议论的学风有所反拨。总之,我们可以说,元代理学自有其特点,它不仅为两宋理学注入了务实的内容,而且也成为明清理学演变的滥觞。

至明代,程朱理学的正统或曰意识形态化,基本已经得到实现。程朱理学的一统天下的局面在明朝持续了近百年之久,但到了明朝中期开始却再也难以维持下去了。明朝中叶,出现了陈献章倡"自得之学",王阳明揭"致良知"之教,学风于是为之一变。从此以后,"理学"虽然还是官方哲学,但逐渐退居次要地位,丧失了统摄人心,尤其是统摄学者之心的作用,取而代之的则是"心学"的崛起。

明清之际,出现了剧烈的社会动荡。面对所谓"天崩地烈"的局面,人们既要总结明朝覆亡的教训,又想了解急骤变化着的生活世界,这就使得一些具有探索真理精神的知识分子分别从哲学、经学、史学、政治、经济等诸方面去进行认真的探究,而试图对传承了好几个世纪的理学思潮进行重新整理和认识也成为当时十分重要的一个时代课题。于是,在明清之际,出现不少有关理学发展的断代学术史专著,如周汝登的《圣学宗传》、孙奇逢的《理学宗传》、李颙的《儒鉴》、黄宗羲的《明儒学案》《宋元学案》和万斯同的《儒林宗派》等。他们对宋代以来流行的理学,包括程朱理学和陆王心学,都有不同程度的接触整理和分析评论,也从不同角度提出了自己的见解。

明清之际,理学进入其批判性的反思总结阶段,这实际上标志着理学作为一个时代思潮的终结。有清一代,理学虽然仍被最高统治者奉为圭臬,悬为科举功令,但却已是"竭而无余华"(章太炎:《訄书·清儒》),已经很难再成为中国思想和学术的主流[1]。

---

[1] 参见潘富恩,徐洪兴.中国理学(第1卷)[M].第1,10-12,70-71,82,150-153,170,247-248,283页。

 经典赏析

1 《太极图·易说》

自无极而为太极。太极动而生阳,动极而静;静而生阴,静极复动。一动一静,互为其根。分阴分阳,两仪立焉。阳变阴合,而生水、火、木、金、土。五气顺布,四时行焉。五行,一阴阳也;阴阳,一太极也;太极,本无极也。五行之生也,各一其性。无极之真,二五之精,妙合而凝,乾道成男,坤道成女。二气交感,化生万物,万物生生而变化无穷焉。惟人也,得其秀而最灵。形既生矣,神发知矣,五性感动而善恶分,万事出矣。圣人定之以中正仁义而主静(自注云,无欲故静),立人极焉。故圣人与天地合其德,日月合其明,四时合其序,鬼神合其吉凶。君子修之吉,小人悖之凶。故曰,立天之道,曰阴与阳;立地之道,曰柔与刚;立人之道,曰仁与义。又曰,原始反终,故知死生之说。大哉易也,斯其至矣!

《太极图·易说》的宇宙生成论,是宇宙从无而为有的唯心论。"自无极而为太极",意思是从无而为有,有生于无。无极是无,太极是有。太极能动能静,动生阳,静生阴。阴阳是从太极的动静中产生的。动之极走向静,静之极又回复到动。动是本原的,静从动而来,静又归宿于动。从太极的动与静分出了阴与阳,于是形成两仪,两仪指天地。天地就是这样形成的。再从阳变阴合,产生水、火、木、金、土五行。五行之气的流布,就推动着春、夏、秋、冬四季的运行。周敦颐认为,五行等于阴阳(五行一阴阳也),阴阳等于太极(阴阳一太极也),而太极则本源于无极(太极本无极也)。可见无极是最原始的、根本的,而太极、阴阳、天地、五行等则是派生的。宇宙的生成,就是由最根本的无极(无)而为太极,由太极的动静而分阴阳,由阴阳而立天地;由阳变阴合而产生五行;由五行之气的流布而推动四季的运行。

《太极图·易说》的万物化生论,依据的是《周易·系辞下》"天地絪缊,万物化醇;男女构精,万物化生"。《太极图·易说》的人性论是圣人主静论。在变化无穷的万物之中,人得天地之"秀"而为万物之灵。有了形,就有神,五行之性感于外物而动,呈现出善与恶,遂形成错综纷杂的万事。这是理学家道德论的最早表述。在错综纷杂的万事之中,有善又有恶,圣人定出中正仁义的规范,归宿于"静"(主静)。这样,树立了人的最高标准——圣人。这样的圣人符合《易》道,即"与天地合其德,日月合其明,四时合其序,鬼神合其吉凶",即与天地的大德、日月的光明、四时的运行之序、鬼神的作吉作凶等最高法则相符合。(侯外庐、邱汉生、张岂之:《宋明理学史(上卷)》,人民出版社1984年版,第59-63页。)

2 横渠四句

为天地立心,为生民立命,为往圣继绝学,为万世开太平[1]。

儒学所要承担的任务就是为民众的精神生活提供一种最基本的支撑。儒家思想从创立到衰落,一直就是讲一个人如何成为一个完整意义上的人的问题,儒学一直试图做的也就是为人提供一个安身立命的理论依据。仁是人的基本规定,也是人所要达到的最高标准。孟子更清楚明确地对决定人与非人的本质标准做了表达,这也就是他所说的性善。孟子要告诉人们的,是善性的四端天生地隐含于人心中,人要保证自己人格上的完整,就要全力去保持并发扬它,这是人生中最重要的事,也是人最重要的精神关切。

宋明理学时期,将人的内在精神的规定与一个外在的绝对的客观精神实体联结起来,人的终极关切就是向天理的复归,理学家为自己设定的任务就是:为天地立心,为生民立命,为往圣继绝学,为万世开太平。在他们看来,人的伦理关切对人而言是第一位的,在排除了其他一切的关切

---

[1] [清] 黄宗羲.宋元学案(第一册)[M].北京:中华书局,1986:66.

之后所余下的就是对人的道德的这种关切,对人而言这是具有至上性的。人的道德提升的最高境界就是与天道的合一,这在人的一生中是需要人的无限努力的,人的品格修养空间是无限的,人要时时注重自觉自省,道德的重要性在人的一生中会一直被关注。

延伸阅读

1 孔颜乐处——周敦颐的"无极而太极"说

周敦颐30岁左右,已在社会上有了名声。程颢与程颐的父亲程珦认识周敦颐后,以为"知道者"并结为好友,即令两子受学于周敦颐。这时的周敦颐,在学术上已有了自己的见解,并开始向人们宣传他的学说了。周敦颐晚年定居庐山,山麓有发自莲花峰的一条小溪,他便仿其乡里的"濂溪"之名命之;又在溪上构筑书屋,命名为"濂溪书堂"。因此,后人又称周敦颐为濂溪先生。他的论著被编入《周敦颐集》,主要哲学著作是《太极图说》和《通书》。由于理学创立者程颢、程颐曾向他问学,故周敦颐被后学者视为道学开山之祖,在《宋史·道学传》中被列为首位。

周敦颐被后人推为理学宗师,其实不仅仅因为他曾作过"二程"的老师,从理学发展来看,他确实提出了一些对理学有重大影响的思想。《论语》中记载,孔子的弟子颜回生活贫困,但并未影响他内心学道的快乐,孔子曾对此十分赞叹。程颢后来在《二程集》里回忆早年周敦颐对自己的教诲时说:"昔受学于周茂叔,每令寻颜子仲尼乐处,所乐何事。"此后,"寻孔颜乐处",就成了宋明理学的重大研究课题。这表明,周敦颐提出的寻求、了解颜回为什么会在贫困中保持快乐的情绪问题,对于"二程"以及整个宋明理学,确实产生了重大影响。

"孔颜乐处",是个人生理想,也是一个理想境界的问题。颜回之乐根本不是因为贫贱本身有什么可乐,而是指颜回已达到了一种超乎富贵的人生境界。有了这种境界的人,即使是人们不堪忍受的贫贱也无法影响和改变他的"乐"。这种乐是他的精神境界带来的,不是由某种感性对象引起的,因此是超越了人生利害而达到的内在幸福和愉快。人生应当追求的最高境界,就是这种境界。但自韩愈以来,成圣成贤逐步成了儒家士人的最高理想。周敦颐在《通书·志学第十》中也提出"圣希天,贤希圣,士希贤",认为一个"士"应把成圣成贤作为自己一生希望达到的理想。具体地说,就是要"志伊尹之所志,学颜子之所学"。伊尹代表了儒家辅君泽民的榜样,颜回代表了儒家自我修养的典范。周敦颐不仅提倡儒者要以伊尹为效法的楷模,致力于国家的治理和民众的幸福;而且也提倡像颜回一样去追求圣人崇高的精神境界。前者是"外王",后者是"内圣"。这个说法在基本精神上,与当时的"明体达用"是一致的,并且在"明体"方面更强调了人的精神修养的重要性。这些思想,都为后来"二程"的理学所加工改造,并作了进一步的阐发。

周敦颐进一步指出,"孔颜乐处"之"乐",来自"见其大"。这个"见其大",也就是"见道"或"体道"。他在《通书·富贵第三十三》中说:"君子以道充为贵,身安为富,故常泰无不足,而铢视轩冕、尘视金玉,其重无加焉尔。"指出人若能真心体会"道",自然会超越对功名富贵的庸俗追求和计较,获得一种高度、持久的精神愉悦。程颢青年时闻周敦颐论学,"慨然有求道之志",表明周敦颐已指出了求圣人之道的学问方向,隐含了"道学"的主题。周敦颐那种超越富贵利达,可又与隐退不同的人格风范,极高明而道中庸,开了儒家一代新风。由于求得这种境界,既不需出世修行,也不需遁迹山林,只是在伦理关系中奉行社会义务的同时就实现了,因而是对佛、道思想的批判改造。周敦颐的这种"寻孔颜乐处"的思想,也使儒家以博施济众和克己复礼为内容的仁学,增添了人格美与精神境界的内容,对后来理学的人生追求,产生了极其深远的影响。

在实践中,周敦颐也身体力行"孔颜乐处"的思想。他曾长期作州县小吏,但不卑小职,处世超然自得。他尘视名利,雅好山林,有很高的精神境界。传说他住所的窗前杂草丛生,却从不去锄。有人问他,答道"与自家意思一般",体现出一种要与生生不已的大自然融合为一体的人生胸怀。他的人格境界拔出流俗,对时人很有感染力。周敦颐曾作脍炙人口的优美散文《爱莲说》,称"予独爱莲之出淤泥而不染",可见,道家的隐逸与世俗的富贵,都并非他的人生理想。他所称颂的莲的中正清直的"君子"品格,实际上寄托了自己儒家人格的高尚理想。他自己终生保持的高洁的人品境界,也就是他实践自己人生理想追求的结果。

"孔颜乐处"的追求及其实践,使周敦颐从人格及精神境界上成了理学理论的先驱。同时,他作为宋明时期理学的开创者,其突出之处还在于他在学术上引进了道家——道教的许多基本观念,使先秦儒家的伦理——政治学说,真正摆脱了汉唐时期神学的粗俗理论形式,获得了一种哲学本体论的架构。这首先表现在,周敦颐袭用了五代末、宋代初著名道士陈抟所传的《先天图》,更易为《太极图》,使其为儒家的仁义学说提供哲学依据。周敦颐在《太极图·易说》中说:"自无极而为太极。太极动而生阳,动极而静,静而生阴,静极复动。一动一静,互为其根。分阴分阳,两仪立焉。阳变阴合,而生水、火、木、金、土。五气顺布,四寸行焉。"这就是说,"无极"是宇宙的最高本源——本体,"无极"生"太极","太极"一动一静而生阴阳(两仪),阴阳变化组合而生五行(五气),五行流行变化而成四时;尔后,阴阳五行四时交感妙合而有人有物。这一过程,是本源化生万物的过程。接着,周敦颐又说:"五行,一阴阳也;阴阳,一太极也;太极,本无极也。"这里他阐明的,是万物、五行向终极本源复归的过程。周敦颐在这里设定的由本源到万物的生化过程,虽然直接采自于汉代的宇宙生成论,但两者其实都是从《老子·四十二章》中关于"道生一,一生二,二生三,三生万物"的提法衍化出来的。特别是周敦颐不以《易传》所讲的"太极"而以"无极"为终极本源,把"无极"置于"太极"之先、之上,更显示了周敦颐本源——本体论的道家色彩。"无极"的提法,也直接出自《老子·二十八章》:"知其白,守其黑,为天下式。为天下式,常德不忒,复归于无极。"这里的"无极",也就是虚、无。周敦颐在本源——本体论上取"无极"说,这是明显地援"道"入"儒"。

周敦颐认为,人由于禀受了阴阳两气中的精华,所以成为万物中最有灵性的生物。人禀气而生,同时也就获得了智慧,获得了仁、义、礼、智、信"五性";"五性"再发展开来,使人对待万事万物便有了善恶之分。而"中正仁义"等道德规范,正是圣人根据宇宙的生化原则制订出来,成为人行为的准则的。可见,周敦颐援"道"入"儒"的结果,是从宇宙生化的高度揭示了人德性修养的根本依据,即为儒家的伦理思想建构了本源——本体论。周敦颐作为理学创始者被"二程"兄弟及朱熹所推重,其原因也就在这里。当然,程、朱虽充分肯定了周敦颐的努力方向,但后来也对他的观点作了一定的修正和改造,他们直接把"理"(仁义礼智)提升为最高本体,道家的色彩被冲淡,儒家的伦理思想获得了客观、绝对的意义。但毫无疑问,以哲学的形上学架构儒学的努力,是周敦颐借重道家——道教而率先开出的。

周敦颐借助道家——道教基本观念,重建儒学的努力,还表现在如何进行修养功夫的"主静""无欲"主张上。他在《太极图·易说》中,已明确主张"圣人定之以中正仁义而主静",并注称"无欲故静"。在《通书·圣学》篇中,周敦颐又说:"圣可学乎?曰:可。有要乎?曰:有。请问焉。曰:一为要。一则无欲。无欲则静虚动直。静虚则明,明则通。动直则公,公则溥。明、通、公、溥,庶矣乎。"这是说,圣人是完全可以学到的,关键在专一,即把意念集中在精神境界的提升上,就可做到不为物欲所干扰。由于"无欲",又可达到内心无私念遮蔽,行为无彼我、亲疏的分隔。从而,使其智慧无不察照,德行无不润泽。如果能这样,也就与圣人相差不远了。这里的关键在于"无欲",它是人的整个修养过程的逻辑起点。可是,"无欲"的主张也恰恰发源于道家——道教。《老子》中就曾多处提到,要做到"少私寡欲","去知去欲",才可以回归于道。可见,周敦颐不仅在本源——本体论上,而且也在修养——功夫论上,援"道"入"儒"。这为理学的创立和发展,重视以"无欲"为复归"天理"的根本条件,奠定了直接的思想基础。

周敦颐以其"孔颜乐处"的理想追求及亲身实践,以其"无极而太极"之新的解说,在本体论和修养论上,都吸纳了道家——道教等学派的思想,成为了宋明理学的开创者。而程朱理学,也正是沿着周敦颐开出的路子,不断构建和发展起来的。

——节选自唐志龙:《故事本中国哲学史》,上海古籍出版社 2002 年版,第 198 – 202 页。

2 鹅湖之会——陆九渊的"心本论"

宋明道学自北宋周敦颐开创,中经程颢、程颐兄弟至南宋的朱熹,其中理学一系已获得了完整而细密的发展,建构起了庞大的"理"本论体系。但是,以程、朱为代表的理学在理论上碰到了两个不可克服的矛盾。

一是在本体论上,程、朱都主张"理"是"无情意,无计度,无造作""无方所形状"的"形而上之道",它是"万化之根本";"器"则是形而下者,"其道器之间,分际甚明,不可乱也"。那么,作为"万化根本"的形而上之"理",是如何产生出"形而下之器"即万物的呢?为了解决这一难题,程、朱在"理"与"器"之间设立了一个"气",认为由于"理"推动"气"的发用流行,才产生了"器",亦即万事万物。但按程朱的意思,气是"形而下"者,这就使气与理依然分属于各不相同又互不相关的两个世界。而且,"气"一旦发用流行起来,便按照自己的性质与规律运动变化,如《朱子语类》卷四所说,"气虽是理所生,然既生出,则理管它不得!"这样,又动摇了"理"的本体地位与主宰作用。

二是在认识论上,程、朱既主张天地万物都由"理"所生,要认识理就必须认识具体的事物,只有经过不断的"格物",才能"致知""识理";但程、朱同时又认为,既然理"只是此一个理,万物分之以为体",并且每一事物都分得全体之理,那么作为万物之一类的人必然也具有此理,如《朱子语类》卷九所说:"心包万理,万理具于一心。"既然如此,认识"理"就只须认真体察本心就行了,有什么必要费力劳神地去"格物"呢?程、朱本体论的矛盾导致的认知方式上的这种歧异,往往使理学家们难以自圆其说。为了消除程、朱理论的矛盾性,真正解决道、器关系问题,陆九渊开始建立自己主观唯心主义的"心"本论学说,形成了宋明道学的另一影响深远的重要派别。

陆九渊(1139—1193),字子静,号存斋,江西抚州金溪人。他曾讲学于贵溪象山,自称象山居士,学者称为象山先生。陆九渊个性较强,读书不迷信,敢于疑经惑古。他在少年时初读《论语》,便怀疑孔子之言支离,稍长后又不满于程颐的言论,在十几岁时写读书笔记道:"宇宙便是吾心,吾心即是宇宙。"这句名言成了他后来的哲学宗旨。陆九渊的思想虽早熟,但到34岁才通过进士考试。据史书记载,这一年他参加省试,主考官是当时知名的历史学家吕祖谦。当吕祖谦阅到陆九渊答卷时,始而击节称赏,继而赞叹不已,对同官说:"此卷超绝有学问者,必是江西陆子静之文。"陆九渊后来在象山筑精舍讲学。宋光宗即位后,他被朝廷起用,担任知荆门军(今湖北荆门市)。在荆门仅一年余,颇有政绩,因病卒于任上。陆九渊不注重著书立说,基本是通过讲学对学生施加影响。他善于辩说,吸引了许多优秀学生聚集在其门下。在他的身后,只留下了一些讲学的《语录》和《文集》,由其子和后人加工汇编成《象山先生全集》。陆九渊和其兄陆九龄,合称"江西二陆"。

陆九渊学术活动的时期与朱熹基本相同,但他的学说与朱熹学说之间存在着较大的分歧。为了调解这种分歧,1175年夏,吕祖谦特邀请朱熹和陆九渊、陆九龄兄弟及其他一些学者,聚会于当时的信州铅山鹅湖寺,讨论学术异同。这就是哲学史上著名的"鹅湖之会"。

在鹅湖之会上,陆九龄首先作诗一首,说明了自己的观点。其诗曰:

> 孩提知爱长知钦,古圣相传只此心。
> 大抵有基方筑室,未闻无址忽成岑。
> 留情传注翻蓁塞,著意精微转陆沉。
> 珍重友朋相切琢,须知至乐在于今。

诗刚刚念了一半,朱熹就对吕祖谦说"子寿(九龄字)早已上子静船了也",即陆九龄上了陆九渊"心学"的船,与其弟是同一观点。诗罢,双方进行了激烈

的辩论,各自坚持自己的观点。这时,陆九渊又和了其兄陆九龄诗一首:

  墟墓兴哀宗庙钦,斯人千古不磨心。
  涓流滴到沧溟水,拳石崇成泰华岑。
  易简工夫终久大,支离事业竟浮沉。
  欲知自下升高处;真伪先须辨只今。

  朱熹听了陆九渊的诗,大不高兴。双方继续讨论了三天,不欢而散。他们回到家后,继续以书信进行辩论,始终没有统一思想。
  经过了认真思考,三年后,朱熹和了陆氏兄弟一首诗。那诗写道:

  德业流风夙所钦,别离三载更关心。
  偶携藜杖出寒谷,又枉蓝舆度远岑。
  旧学商量加邃密,新知培养转深沉。
  只愁说到无言处,不信人间有古今。

  可见,朱熹仍然坚持自己的观点,并未对"二陆"的理论进行任何的让步。
  历史上这次著名的"鹅湖之会",是一次重要的哲学研讨会。辩论的中心是"为学之方"的问题,其实是属于认识论范畴的问题。陆氏兄弟认为自己坚持的是"易简工夫",讥笑朱熹为"支离事业"。陆九渊在《全集》卷三十六中指出,人们的认识途径,应该是"先发明人之本心,而后使之博览";朱熹的认识途径,则"欲令人泛观博览,而后归之约",即通过"格物"、读书,然后达到对"理"的体认。陆九渊攻击朱熹"教人为支离",即太烦琐;朱熹也攻击陆九渊"教人为太简",即似"禅学"。其实,朱、陆治学的方法不同,并非本质歧异,只是在如何去认识先验"理"的途径上略有不同而已。在陆九渊兄弟看来,"心"是一切事物的基础与出发点,这就是"先立乎其大",自古以来圣人相传的"道统"只是"此心"。"此心"千古不磨、亘古皆同。离开"心"犹如"无址"而"成岑",没有地基而筑房屋。陆九渊说自己的"心学",终究要长久流传,并能发扬光大;而朱熹的理学,则是"支离事业",毕竟要沉没,这当然要使朱熹不满意。朱熹坚持了自己的学说,"旧学商量加邃密,新知培养转深沉";并且以无言之说,讥讽陆氏兄弟为"空门"。这场辩论虽没涉及更多的哲学本体论问题,也没达到吕祖谦"盖虑朱与陆犹有异同,欲令归一"的初衷,但两派都明确了他们之间的分歧。这也为后来双方进行"无极"与"太极"的第二次直接辩论,即关系到以"理"还是以"心"为本体的论争,开了端始,同时对此后理学的发展产生了重要而深远的影响。

——节选自唐志龙:《故事本中国哲学史》,上海古籍出版社2002年版,第225-228页。

3 隔河看花——王守仁对"心学"的全面发挥

宋明理学,既包括程、朱的客观唯心主义哲学思想,也包括陆、王的主观唯心主义哲学思想。由陆九渊开创的以"心本论"为基础的"心学",到明朝中叶,经过王守仁对"心外无物""心外无理"等命题的论证,以及"良知"说、"知行合一"说的确立,全面发挥了陆九渊的"心本论",对明代中叶及其以后的哲学思潮,产生了巨大的影响。

有一天,风和日丽。处理完公事的王守仁,兴致很高,便约了位老朋友,早早吃罢午饭,不带随从,微服到一个叫南镇的地方去游玩。

这南镇依山傍水,风景秀丽,是个理想的休憩之所。王守仁同朋友来到河边,找到一块较为平坦的空地,一边散步,一边闲谈。朋友指着河对岸山中盘根于岸石中盛开的桃花,问道:"按先生所声,世界上没有心外之物,万物都是由心所生。那么,这深山中的桃花,自开自落,与我的心有什么关系呢?"

王守仁回答说:"意之所在便是物。这是世界上共通的道理,深山中的桃花也是如此! 我问你,今天上午你有这桃花的印象吗?"朋友说:"没有。这是由于我没有看到它啊!"王守仁说:"不对。你上午由于忙别的事情,心里根本不可能想到桃花,也就不会看到什么桃花了。当你没有看到这些花时,此花与你的心都处于寂静虚无状态;你来看花时,花的颜色才在你的感觉之中逐渐显现出来,并且愈来愈清楚明白。这是因为你的心中已经开始有了'桃花'的缘故。可见,这些花并不是在你的心外而独立存在的东西,其实它们早就存在于你的心中,只不过你没有想起来罢了。总之,世界上的万事万物,无不包藏于我的心中。岂不闻南宋陆象山夫子所言:'宇宙便是吾心,吾心即是宇宙!'"

青年时代的王守仁,曾在朱熹的影响下尝试从事"格物穷理"的功夫。有一天傍晚,王守仁与他的朋友钱友同在自己屋中,点着灯兴趣盎然地一起讨论关于怎样才能做圣贤的事。他们不约而同地想到,南宋著名理学家朱熹说过:天下万事万物、一草一木,都有"理"在。要做伟人和圣人,就应该认真去格物,即认真研究和认识具体事物,从其中悟出一般的道理,以此逐步达到圣人的境界。谈到投机处,两人放声大笑。窗外院中的竹子也许受到了感染,在晚风的吹拂下"沙沙"作响,仿佛在点头赞许似的。

王守仁站起身来,推开了窗户,默默地注视着黑暗中摇曳着身躯的竹子。钱友同来到了他的身边,他也浑然不觉。钱友同悄声问道:"伯安兄,你在想什么?""我在想,既然朱子说世界上一草一木都包含了理在,那么这'岁寒三友'之中的竹子当然也不例外啰!"王守仁头也不回地答道,语气中充满了虔诚。"那当然!"钱友同认真地说道,也略有所思起来。

突然,钱友同拉开大门,轻步走到了庭院里。他来到一窝郁郁葱葱的竹子前,借着从窗户中透出的光亮,仔细端详起来。王守仁也跟了出来。"伯安兄,请你给我去拿件衣服来。我想借你的宝地开始格竹子了,看看其中究竟有些什么理?"钱友同说着,便一屁股坐在了地上,面对竹子仔细格起来了。就这样,一连三天,钱友同竭其心思,专注地格着竹子。结果,三天下来,钱友同病倒了,仍然未能悟出其中的理来。

王守仁一边照料着钱友同,一边思忖着:也许是他行动太仓促了些,准备工作没有做好,以致中途精力不足而染病。对了,一定是这样。等他好了后,我要认真做点准备,然后再亲自去格竹子,肯定能够领悟出朱子所说的理。过了数日,钱友同的病完全康复,便告辞王守仁回家了。送走朋友后,王守仁开始做格竹子的准备工作了:他再一次认真阅读了朱熹的有关"理学"的著述,同时也准备了一些干粮和水。确信自己准备比较充分后,王守仁关上了自家的院门,端坐于竹前,认真格起来。开始几日,王守仁精力尚可。但是,他尽管冥思苦索,夜以继日,仍然不知道竹子中的理在哪里。但是,王守仁是个意志力十分坚定的人,他平时最反对做事半途而废,所以没有丝毫的犹豫,坚持格着竹子。就这样,一直坚持到第七日,自己也劳思成疾,不得不中止了格竹子,无可奈何地躺到了病床上。

钱友同知道王守仁格竹子也生了病,便带着礼物来看望老朋友。两人见面后,谈及格竹子的事,相视大笑起来。他们慨叹道:"圣贤是做不得的,因为我们没有什么大的力量去格物了。"由此开始,王守仁逐渐产生了对格物的困惑,也开始怀疑起朱熹的格物穷理、理在物中的学说来。后来,王守仁由于生活的变故,使其在著名的"龙场大悟"中,彻底与朱熹的格物穷理说进行决裂,由相信"理在物中"转向"理在心中"。

——节选自唐志龙:《故事本中国哲学史》,上海古籍出版社2002年版,第237-240页。

 问题思考

1. 理学发展的内在逻辑与当时社会发展的关系如何?
2. 朱熹究竟如何集大成的?王守仁心学又是如何兴起的?
3. 为什么在明清之际理学趋于衰颓?

第三节 现代新儒学的形成与发展

 知识梳理

在近代中国,西学东渐,中西文化冲突对立。维护中国传统文化的一

方试图从西方现代思潮中寻找可资利用的思想材料和思想方法,显示传统文化的长处,由此开辟了现代新儒学的方向,即通过中西文化比较的途径,促使儒学复兴。现代新儒学的发展大致有四个阶段:"五四"时期第一代新儒学、港台新儒学、海外新儒学、当代大陆新儒学。

一、近代中国的时代主题与思想论争

1840 年以来,当古老的封建制日薄西山濒临崩解时,西方殖民者突然袭来,西方文化也随即涌入,中国出现空前的民族危机。这段历史于中华民族发展史上有着极为特殊的意义。在此之前几千年的中国社会虽然也有不断的内部或外族战争,朝代频繁更替,但是其文化生命一直绵延不断。进入 19 世纪以来,不仅民族、国家生存已成问题,而且民族文化在国人心中也发生了前所未有的信仰危机。在民族的灾难与巨大的社会变革面前,"中国向何处去"成为时代的中心问题。这个时代的中心问题在思想领域表现为"古今""中西"之争,即如何向西方学习,对传统进行反省,以寻求救国救民的真理。

自明代中叶以后,中国开始出现了资本主义的萌芽,明清之际的一些大思想家对中国传统思想进行了批判总结,提出了民主主义的启蒙思想。但是,由于中国封建的自然经济特别稳固,封建统治力量根深蒂固,资本主义因素的生长步履艰难,因而民主主义思想不仅得不到发展,反而遭到了摧残。所以,中国尽管有了资本主义的萌芽,有了民主主义的启蒙思想,却一直未能像欧洲那样迅速地发展为资本主义的近代社会。1840 年鸦片战争失败以后,中国逐步地由封建社会沦为半殖民地半封建社会,外国资本主义的侵入对中国封建社会自给自足的自然经济起到解体作用,而对中国城乡的商品经济则起到促进作用。按照资本主义经济自身发展的规律,资本主义商品生产的逐步发展必将瓦解封建经济基础而导致社会性的改变。随着经济结构的变化,阶级关系也发生了巨大的变化。中国封建社会的主要矛盾是地主阶级和农民阶级的矛盾,进入半殖民地半封建社会以后,帝国主义和中华民族的矛盾,封建主义和人民大众的矛盾成为近代中国社会的主要矛盾。而帝国主义和中华民族的矛盾是各种矛盾中最主要的矛盾,这些社会矛盾日益尖锐,由此产生中国的社会革命运动。

1840年第一次鸦片战争的爆发促使中国对西方的态度开始发生转变。从驭夷、抚夷到师夷,中国对西方的认识逐渐发生易位,这是中国封建社会急剧解体开始走向半封建半殖民地的转折时期。第一次鸦片战争使中国人认识到中国不再是天朝帝国,只是万国中的一国,而且是一个弱国。朝野上下开始意识到了封建社会的危机。真正引起中国社会思想震动和认识变化的事件是第二次鸦片战争。思想认识上的变化,使得清王朝的主政者们在对外求和、强调信守条约的同时,倾力于内部的"自强之道"的讲求,尽管"自强"的举措在当时不过是有限度的"制洋器""采西学",但毕竟迈出了近代中国变革的第一步。筹制夷之策,讲自强之道成为此时中国的主导思想。

甲午战争中国的失败为蓄积的变革思潮打开了破堤的缺口,在此后的数年间,要求全面变法的声浪随时局的变化直线攀升。自同治、光绪之际兴起的变革思潮和主张,在甲午战争之后表现得更加全面、系统,也更加迫切。尽管有自觉与被迫之分,有变甲还是变乙,怎么变的区别,还有由谁来主持变法的争论,但是在必须变,而且是切实的大动干戈地变这一点上,朝野上下是一致的,可谓"咸与维新"。这一时期讲求西学,变更成法已成为较普遍的共识。对西方政学的注重,不同程度的民权思想的流传开始透示近代变革思潮以政治思想为核心的特色。值得一提的是,严复通过《天演论》《原富》《法意》《穆勒名学》的翻译把进化论、经验论、西方古典经济学和政治理论等西方思想体系介绍到中国,在中国近代思想史上开创了一个新纪元,使广大的中国知识分子第一次真正打开了眼界,看到了知识的广阔图景。它从根本上打开了人们的思想眼界,启蒙和教育了大批的中国人,特别是爱国青年。中国近代先进人士向西方寻求真理的行程进入了一个崭新的深入阶段,中国近现代变革的核心问题,即政治、政权问题被鲜明地提示出来。1898年发生了著名的"百日维新"。近代中国,无数仁人志士上下求索,围绕在中国建立什么样的政治制度和政权组织形式提出了种种主张,展开了激烈斗争。旧中国落后在哪里? 一开始有人认为落后在技术上,因此就有了洋务运动。但是甲午战争不仅令洋务运动破产,也让许多人认识到,与日本明治维新取得的成功相比,中国还落后在政治制度上。这样就有了康有为、梁启超的百日维新运动。他们试图依靠光绪皇帝推行新政,制定宪法,建立议会。但是,戊戌变法既不可能得到广大民众的理解和支持,也不能被清王朝以慈禧为代表的顽固派所接受,君主立宪制以失败而告终,而封建专制制度也终于走到了历史尽头。民国成立后,随着袁世凯、张勋的复辟,人们感到仅有表面的制度变革还不能建立真正的民主共和制度,必须从精神的深层次变革世界观和人生观,于是新文化运动兴起。

自晚清到1949年新中国成立半个多世纪,先进的中国人都是为着一个共同的目标在奋斗,这个目标就是改造中国,要改变中国屈辱和落后的地位,要使中国成为崇尚科学、民主的现代中国。历史经验表明,只有彻底的思想革命才能改变中国的面貌。20世纪初前后持续30年的东西文化大论战,是在封建专制体制向资产阶级民主共和体制转型、民族危机日益加剧的情况下发生的。它从文化本源、文化发展的先后、时代性和民族性等方面探讨中西文化的优劣,进而从思想文化层面上,为中国选择走现代化的发展道路提供了理论根据[1]。

二、现代新儒学的基本面相

"五四"时期展开了关于中西文化的大论战。"五四"以后的中国现代学术和理论思想舞台上,有三种主要的、最为活跃的思潮:经过苏俄社会实践过滤和带有中国文化烙印的马克思主义、自欧美引进的西方哲学和政治理念以及援依西方近现代哲学观念诠释的儒家思想。这三种思潮都是对鸦片战争以后的中国国力日衰、民生日蹙的颓败之势的回应,都是为

---

[1] 丁祯彦,臧宏.中国哲学史教程[M].上海:华东师范大学出版社,2004:351-356.有删改.

挽救这种颓势而作出的理论的思考和方向的选择。但三种思潮各自社会背景或理论渊源上的差异,使它的基本理论立场和为中国摆脱当时的危机及将来的发展所设计、选择的道路是不同的,有时甚至是尖锐对立的。然而在民族振兴的根本目标上的一致,又使它们并不总是对立的、分裂的。在不同的社会政治环境下或不同性质问题的处理上,它们相互之间的关系处在变动之中。如果说"五四"前后的新文化运动中,在对待传统文化的态度上,西化派与马克思主义派曾在同一条战线上对传统文化共同表现了批判和否定的态度,那么,在用革命或改良来推动中国社会进步的道路选择上,西化派是与新儒学的立场相同而与马克思主义派对峙。在中国已获得了巨大胜利的马克思主义派并不否认中国传统文化是支撑中华民族长久独立发展的重要精神基础,可见它与主张民族的复兴在于传统文化的复兴的现代新儒学也有某种共识。现代中国的面貌,在此三种思潮间的互动中最终被塑造出来的历史过程仍在进行中。

以主张民族复兴在于传统文化的复兴之理论观点、立场作为现代新儒学思潮的基本特征,只是在最宽泛的意义上,用之与现代中国西化派、马克思主义派相区别的一种界定。其实,现代新儒学思潮这一特征的真正内涵是:① 认为儒学是中国传统文化的核心、主要内容;② 企望通过对儒学的现代观念的诠释和改造,使其继续能在中国的现在和未来的社会生活建设、发展中发挥核心的、基础的作用;③ 相信以儒学为核心的中国文化在未来的世界文化格局中,应有也会有自己的重要位置。

现代新儒学思潮内部,就其在对儒学作新的诠释时所攀缘的理论、展示的论题和最终建构成的各自思想体系或学术内容等方面而言,现代新儒家之间也是有差别的,但上述的基本特征或基本内涵却是共同的。作为现代新儒学的发端,梁漱溟最大的影响在于他的《东西文化及其哲学》。尽管梁漱溟思想显得浑沦粗糙,但由其开端的针对西方文化的冲击,基于"本位化"(民族文化根源)和"理想化"(道德人文理想)的立场,试图全面重建儒学、重建儒家文化的努力,则成为现代新儒学的"共法"。熊十力以一种纯粹哲学的方式确定了中国文化的根源性和本体性,并使这种根源性具有一种开启一切文化的创造潜力。熊十力以一种"至极"的方式恢复了中国文化的地位和信心,堪称现代心性儒学的奠基人。冯友兰开启了20世纪儒学的一个重要方向,这就是理性主义、客观主义的儒家方向。在对传统儒学尝试作"现代性"突破上,冯友兰的努力方向是弥足珍贵的,这就是如何理性地说明道德,如何客观地了解宇宙、社会、人生的真实,在把握真实和理性审视的基础上确立价值。

港台新儒学的代表人物有牟宗三和钱穆。牟宗三将儒家的心性之学发挥至极,体现了一个时代的巅峰,也标志着一个时代的终结。牟宗三竭力复活传统儒学的道德形上学,并为儒学的现代化(尤其在形态上)做出了关键性的努力。另一方面,其"智的直觉""两层存在论""良知的自我坎陷"等立论似乎是一种与现实世界、现实人生无太多牵连的哲学营造,这基本上偏离了儒家"人伦日用"的传统,其境界之玄虚多受佛道的影响,其概念的思辨多受西方的影响。钱穆的治学风格是既破除门户之见,又尊重现代的专业。他对中国文化传统的生命力抱着无比坚定的信心。这一信心建立在两个基础之上:第一是他自己长期研究所创获的历史知识;第二是两次世界大战所暴露的西方文化的危机。事实上,20世纪中国思想史上几乎找不到一个严格意义的"保守主义者",因为没有人建立一种理论,主张保守中国传统不变,并拒绝一切西方的影响,从所谓中体西用论、中国文化本位论,到全盘西化论、马列主义,基本取向都是"变"。所不同的仅在"变"多少、怎样"变"以及"变"的速度而已。因此接近全变、速变、暴变一端的是所谓"激进派",而接近渐变、缓变一端的则成了"保守派"。钱穆显然也主张中国传统必须结合世界新潮流、新精神以求"变"。然而他要求我们在"变"之前,首先对中国的文化传统有一真切的了解。

由于各种历史机缘,20世纪80年代以来渐渐形成了有相当影响的海外新儒学学术群体,主要代表人物是余英时、杜维明、刘述先和成中英。杜维明一直致力于儒学的创造性诠释及其人文价值的发掘。在牟宗三之后，杜维明使心性儒学获得了新的进展，心性儒学不再企图整合人类全部文化活动，而主要是提供了一种"涵盖的人文主义"的精神资源，这一资源对于人类文明的健康发展、对于"文化中国"的建设自有其重要的价值。刘述先着力阐发儒学生生和谐的人文精神，致力于"理一分殊"的现代诠释，尝试建立一系统哲学来完成一多、内外、相对绝对之间的综合。他一方面肯定儒学在诸多人文资源（如普世伦理、终极关怀）上的时代意义，一方面也充分认识到儒学如何主导文化多元现实展开的难题。成中英意图建立一个更具整合性、开放性的儒学体系，这个体系的核心部分是创造的、和谐的本体宇宙论。这是一个充满生机的整体本体模型，存在被理解为和谐的、辩证展开的系统。与此相应，成中英对现代新儒学的心性偏向给予了相当程度的批判和扭转。在他看来，当前儒学重建的一个重要向度应是反省儒学主体化、内在化的弊端，正视客体与知识，面向生活世界，积极参与社会建设和文化创造。为此，成中英在本体论、认识论、方法论上进行了一系列的重要探索，为客观性、外向性的儒学重建做出了奠基性的努力，成为20世纪儒学发展的重要环节。

在美国，有波士顿儒学和夏威夷儒学之说。波士顿儒学以查尔斯河为界，形成以南乐山与白诗朗为首的河南派，以杜维明为首的河北派。河南派本身是基督徒，但自称认同儒家。夏威夷儒学的中心人物有成中英、安乐哲与郝大维。波士顿儒学与夏威夷儒学以非常开放的心态，使用了有广泛意义的综合方法，把现代西方最流行的过程哲学、分析哲学、解释学、现象学、存在主义、结构主义等各种哲学与中国哲学融为一体，建构起一套对话派的新儒学和诠释派的新儒学，丰富了儒学思想的内容。他们力求使中国传统哲学现代化，达到东方与西方的融和、人文精神与科技精神的共存、价值理性与工具理性的平衡，以求满足中国发展科学民主的现代化需要，又能解救西方现代化以后遇到的人文价值失落的危机这样的双重目的。他们的努力正在把儒学进一步推向世界，对儒学参与世界一体化会起到重要的参考作用。儒学要真正现代化，就必须真正世界化。

大陆新儒学从世纪之交的文化反思入手,着重对20世纪90年代以来的大陆新儒学的背景、立场、问题及其命运加以分析。20世纪90年代以来,中国内地涌现出了形形色色的新儒家。这些自称或被称为大陆新儒家的学者,有的完全认同港台新儒学,有的标榜要对儒学和新儒学进行超越唯物唯心、姓社姓资的理性分析,有的在思想进路上与港台新学有异甚至有很大的不同,有的则宣称摸进了新儒学的大门。经过15年酝酿、准备和分别发展,到2004年7月贵阳儒学会讲,以南蒋北陈为代表的各派经过整合,以大陆新儒家学派的姿态正式浮出了水面,标志着中国的现代新儒学运动进入了一个新的阶段[1]。

 延伸阅读

1 梁漱溟及其文化观简介

梁漱溟(1893—1988),是现代新儒家的开山祖师和主要代表人物。他在五四时期的挺身而出使现代新儒家作为一个学派出现在中国现代思想舞台上,开启了现代新儒家复兴儒家哲学的路。他提出人生三大路向说和世界文化三期重现说,重新阐释了儒家哲学的恒常价值,发表了《东西文化及其哲学》《乡村建设理论》《朝话》《中国文化要义》《人心与人生》等重要著作。

作为现代新儒的开山祖,梁漱溟的成长经历也很特别。他真正是自学成才。梁漱溟出生在一个官宦之家,祖上世代为官。他父亲曾任四品京堂,祖父、曾祖三代都是举人,进士出身。他的先祖是元朝宗室,门庭显赫。这样的家庭环境对他思想的形成自然会产生一定的影响。梁漱溟到启蒙读书年龄的时候,正赶上戊戌变法,停止科举,废除八股。他父亲的思想倾向于维新派,没让他读四书五经,而是送入新式的中西小学堂。后

---

[1] 参见方克立.现代新儒学与中国现代化[M].天津:天津人民出版社,1997:17-35,453-455.有删改。

来八国联军攻占北京,辍学了。梁漱溟深受其父影响,对做学问不大感兴趣。他很关心时局。他自己讲对庄子《齐物论》《逍遥游》最头痛,他不满足于课堂上讲授的东西。在中学时代就开始自学。在学习过程中非常关心这样两个问题,一个是人生问题,另一个是中国问题。对头一个问题的研究使他成为一位哲学家。1916年,他写了一篇哲学论文《究元决疑论》,带着这篇文章,他拜访了当时北大校长蔡元培。蔡元培读过后与文科学长陈独秀商量,决定聘请梁漱溟到北大哲学系任教。这时正值新文化运动方兴未艾,到处打倒孔家店的呼声。北大是新文化运动的中心,在五四时期的东西文化论战中,梁漱溟的观点和新青年派的陈独秀、胡适是对立的。

梁漱溟认为,当时陈独秀、胡适这些新派人物都把中西文化的不同看成是同一条路线上的快慢的差别,认为西方人跑得快,东方人跑得慢。而在梁漱溟看来,东方人和西方人走的是不同的路。"我可以断言假使西方文化不同我们接触,中国是完全闭关与外间不通风的,就是再走三百年、五百年、一千年也断不会有这些轮船、火车、飞行艇、科学方法和'德谟克拉西'精神产生出来。这句话就是说:中国人不是同西方人走一条路线。因为走的慢,比人家慢了几十里路。若是同一路线而少走些路,那么,慢慢的走终究有一天赶上的;若是各自走到别的路线上去,别一方向上去,那么,无论走好久,也不会走到那西方人所达到的地点上去的。"这样,梁漱溟开始探讨文化的本质。"文化是什么东西呢?不过是那一民族生活的样法罢了。生活又是什么呢? 生活就是没尽的意欲。""文化是生活的样法:文化并非别的,乃是人类生活的样法。""所谓一家文化不过是一个民族生活的种种方面。总括起来,不外三方面:(1)精神生活方面,如宗教、哲学、科学、艺术等是。宗教文艺是偏于感情的,哲学、科学是偏于理智的。(2)社会生活方面,我们对于周围的人——家族、朋友、社会、国家、世界——之间的生活方法都属于社会生活一方面,如社会组织、伦理习惯、政治制度及经济关系是。(3)物质生活方面,如饮食、起居种种享用,人类对于自然界求生存的各种是。"关于文化的本质,就是说,文化作为一个民族生活的各个方面无非包括三大类内容：一是精神生活，二是社会生活，三是物质生活。也就是说，文化是人类生活的不同方面，是与人类的生活无法分离的。"生活就是没尽的意欲（Will）——此所谓'意欲'与叔本华所谓'意欲'略相近——和那不断的满足与不满足罢了。""所谓生活就是有现在的我对于前此的我之奋斗，那么，什么叫做奋斗呢？因为凡是'现在的我'要求向前活动，都'前此的我'为我当前的'碍'——必须变换这种'前此的我'的局面，否则是绝不会满意的；这种努力去改变'前此的我'的局面而结果有所取得，就是所谓奋斗。"受叔本华的影响，叔本华用意欲解释世界的本质，梁将生活定义为意欲与意欲的满足与否，就是说，在梁心目中，生活就是产生欲望与追求欲望的满足的过程。以此为出发点解释文化的本质，根据人们对生活欲望的态度以及满足欲望的方式的不同，区别文化的差别。对生活的解释是他的整个文化哲学的基础。"生活的根本在意欲而文化不过是生活之样法，那么，文化之所以不同由于意欲之所向不同是很明的。"既然文化是生活的样法，那么生活样法的不同决定了文化的不同，而意欲之所向决定了生活的样法的不同，所以，最终文化之间的差别是由于人们的意欲的方向决定的。

他认为，中国人和西方人根本上的不同是人生态度不同：西洋人向前进取，把我与自然对立起来，要征服自然，追求物质享乐，而中国人的思想是安分、知足、寡欲、摄生，而绝没有提倡要求物质享乐的。这就是两种根本不同的人生态度。梁漱溟揭示中华文化的特点和东西文化的根本差异，是为了指出中华文化与人类文化未来的发展方向。通过对文化本质的分析，梁漱溟认为中国文化属于第二种生活意欲的方向，亦即意欲人际与社会关系的调行，所以与西方向前和印度向后的生活意欲方向相比，属于完全不同的文化类型。因为意欲的方向不同，所以人类文化的发展有三条路向。"（1）向前面要求；（2）对于自己的意思变换、调和、持中；（3）转身向后去要求。这是三个不同的路向。这三个不同的路向，非常重要，所有我们观察文化的说法都以此为根据。"三种生活意欲方向的不同，决定了人类文化具有三种不同的类型：西方文化、中国文化和印度文化。按照梁的理解,中国文化与西方文化是完全不同的两个路向,最终的结局将是完全不同的,而决不是发展速度快慢的问题。中国文化的特性决定了中国必然失败的命运。这种第二路向的文化,较之第一路向文化而言,天生软弱,当这两种文化发生碰撞时,天生具有强力的第一路向的文化必须胜利,虽然,中华民族受外族欺侮是文化路向不同注定了的,然而,一味地走第二种路向,又决然开不出西方那种现代化的文明来。但是,西方文化这种第一种文化路向,确已叩响中国的大门,以其科学与民主的西方文化的精神,极大地影响着中国人的生活与思想,同时又以武力的征服和不平等的条约,意欲在于消灭这古老的东方文化,中华文化毕竟面临生死攸关的考验,东方文化已经走进了死胡同,要想开辟新的局面,必须翻转,也就是要改变文化发展的路向,要努力奋斗,打开一条生路。这就是需要学习西方现代化的文明,主要学习西方根本的文化精神。就是说,要西方化,必须学习它们意欲向前的根本精神,从而才能开出科学与民主的新时代的文化,从而使中国摆脱受欺侮的地位。由此可见,梁漱溟并不反对西化,而是反对将东方文化连根拔去。他要让中国文化翻身,当然不是保守原来古代文化一点不变,而是要使中国文化同西方文化一样,成为世界文化的一种。既然学习西方文化不能彻底否定东方文化,而是要使中华文化成为世界性文化,这就涉及中华文化乃至世界文化发展的未来方向问题。"我们此刻无论为眼前急需的护持生命财产个人权利的安全而定乱入治,或促进未来世界文化之开辟而得合理生活,都非参取第一态度,大家奋往向前不可,但又如果不根本的把他含融到第二态度的人生里面,将不能防止他的危险,将不能避免他的错误,将不能适合于今世界第一和第二路的过渡时代。"就是说,梁漱溟也认识到西方文化这第一种路向的弊端,所以他不主张全盘西化,反对彻底否定中国传统文化,他所向往的文化未来的发展,就是说,我们今天采取第一态度,是因为维护中华民族的生存与完全,是为了使国家由乱走向治,使世界文化走向未来所必须也是不得已而为之的。但是,这第一态度所包含着的危险,必须靠第二态度加以调和,从而纠正第一态度的弊端。在梁漱溟看来,西方文化是有问题的,东方文化和中国文化也是有问题的,未来的世界文化必定是一种新的样法。要创造新的世界性文化,促使中国走向未来理想境地,必须改变中国人的人生态度,奠定一种新的人生观,这种新的人生观就是西方文化所谓第一种文化路向,只有生活样法改变之后,才可能吸取西方文化中科学与民主的精神。

在梁漱溟看来,因为意欲的方向不同,所以人类文化的发展有三条路向:一条是"以意欲向前要求为根本精神"的"西洋文化";一条是"以意欲自为调和、持中为其根本精神"的"中国文化";一条是"以意欲反身向后要求为其根本精神"的"印度文化"。他认为这三条文化路向,也是历史发展的三步骤或三层次。西洋文化"着眼研究者在外界物质,其所用的是理智",这是文化历史发展的第一步骤;中国文化"着眼研究者在内界生命,其所用的是直觉",这是文化、历史发展的第二步骤;印度文化"着眼研究者将在无生本体,其所用的是现量",这是文化、历史发展的第三步骤。这样,文化、历史的发展也就是由科学、理智、走向玄学、直觉,再走到宗教、现量。梁漱溟主张在综合第一与第二种态度的基础上,创造出一种全新的人生态度。这种新的人生态度,按照梁漱溟的看法,完全超越个人主义,摆脱物质追求和斤斤计较,只是采用了第一种人生态度所具有的从生命内里发出的活力,一种创造的冲动,一种向前的目标。只有这样的人生态度,才能够解救中国人现在的痛苦,避免西方文化的弊端,同时也应合了世界文化未来发展的方向。有了这种新的人生态度,那么未来的世界性文化也就有了内在的动力。就是说,世界未来的文化,是这种新的人生样法的结果,而这种新的世界性文化,在梁漱溟看来,便是中国文化的复兴。因为,人类生活的三种根本不同的态度,演化成为三种不同的文化,而未来世界的文化必然是以这三种不同形态文化为基础的。"人类生活只有三大根本态度——由三大根本态度演为各别不同的三大系文化,世界的三大系文化实出于此。论起来,这三种态度都因人类生活中的三大项问题而各有其必要与不适用——这自其成绩论,无所谓谁家的好坏,都是对人类有很伟大的贡献。却自其态度论,则有个合宜不合宜,希腊人态度要对些,因为人类原处在第一项问题之下;中国人态度和印度人态度就嫌拿出的太早了些,因为问题还不到。"这三种不同的生活态度与文化,本身并无所谓好坏之分,因为它们面对着世界发展的不同时期,解决人类所面临的三种不同的问题,它们在各自的历史时期,都曾为人类的生存与发展作出贡献。问题在于,时代在发展变化,问题也在随之而不同,当人类还没有彻底解决第一种问题,也就是人类的物质生存条件问题时,西方文化的第一种态度是合时宜的,而中国文化却在这个时候过早地进入第二种态度,印度文化则是更早地进入第三态度。人类文化发展的三个阶段,在一个时期重叠出现,那么,面对这三种人生态度,中国人应采取什么样的态度呢?根据梁之意见,当今社会,不能有一心向后的人生态度,而应该对西方文化全盘接受的同时进行根本改造,吸收其向上的态度,剔除其对物质欲望的过分追求,对中国传统文化进行批判的改造,有了这样的态度,未来的世界文化才能建立,中国文化也才能最终得以复兴。"第一,要排斥印度的态度,丝毫不能容留;第二,对于西方文化是全盘承受,而根本改过,就是对其态度要改一改;第三,批评的把中国原来态度重新拿出来。"所以在他看来,新文化运动是无根之水。"新派所倡导的总不外乎陈仲甫先生所谓塞恩斯与德莫克拉西和胡适之先生所谓批评的精神——这我们都赞成,但我觉得若只是这样,都没给人以根本人生态度,无根的水不能成河,枝节的作法,未免不切。"

——节选自李振霞、傅云龙:《中国现代哲学人物评传(下卷)》,中共中央党校出版社1991年版,第86-88,96-105页。(有删改)

2 杜维明《人性与自我修养》导读

杜维明认为,儒家的"为己之学"是一种涵盖性的人文主义。它包括"四个向度"(个人、群体、自然和天道)以及"三个原则"(个人与社会的健康互动,人类和自然的持久和解,人心和天道的合一合德)[1]。

---

[1] 参见杜维明.东亚价值与多元现代性[M].北京:中国社会科学出版社,2001:100—101.

杜维明认为,"自我"不仅是人际关系网络的中心,也是能动的自觉发展过程。他说:"我们能以图解形式将自我扩展设想为一系列不断扩展的同心圆,它象征着心的深不可测的可以包容天地万物的感受性。因此,扩展自我就意味着对最终'体'宇宙万物之心的能力加以纯化、察照,并使之臻于完善。由此可见,自我并不是一个静止的结构,不是一个人思想和情感的封闭世界;而是一种动态过程和诸种关系的中心,它需要伸出手去接触其他的自我,通过不断扩展的人际关系网络与他人沟通。"[1]杜维明认为,人是社会存在物。一个人越是深入内在的自我,就越能够实现他的社会性本质。人是在与他人交往的过程中学习如何成人的,一个人只有在"社群"中才能充分地成为人。个人的尊严依赖于共同交往。自我的实现,肇始于个人,推之于家庭、邻里、宗族、民族,以至社会、国家,最终达于天下。换言之,"自我转化"的过程涵盖了"社群"的所有层面。"自我转化"就是"自我"在"社群"中的不断扩展。

"自我"在儒学中始终处于中心地位,而"社群"则为"自我"提供了背景和媒介。"自我"与"社群"并不存在必然的冲突。社会性是构成"自我"的一个方面[2],但"自我"并不等同于他的社会性。"自我"的转化具有对"自我"超越的强烈渴望。杜维明从人性论的角度对"自我"的实现与超越问题进行了本体论的设定与阐释。他说:"在儒家的传统里,学做一个好人不仅是它的首要关切,而且是它的终极关切和全面关切。"[3]"学做一个好人"既以当下为起点,现实的人是人充分实现其自身的基础;"学做一个好人"又是一个永无止境的自我转化和自我实现的过程。对此,杜维明作了深入阐发:

> 儒家独特的价值在于它不诉诸上帝和彼岸世界,同基督教指望上帝的恩典和耶稣的救赎不同,它十分重视生活过程本身,将此时此

---

[1] 郭齐勇,郑文龙.杜维明文集(第3卷)[M].武汉:武汉出版社,2002:321.
[2] 杜维明指出:"社会价值的内化就是自我为了自身的实现而进入人际关系所提出的创造性的步骤。"见杜维明:《人性与自我修养》,北京:中国和平出版社,1988年版,第23页。
[3] 郭齐勇,郑文龙.杜维明文集(第3卷)[M].武汉:武汉出版社,2002:240.

地人的生存作为根本出发点,把最大的希望寄托于人自己,在日常生活中寻求生命的终极意义。儒家之学是为人之学,也就是为己之学。为己之学是自我实现,即人性在现实世界中的展现……儒家关于自我实现有两个基本原理:一、每个人都有一个无限自我变革的充足的内在源泉;通过我们的自我努力,我们就能成圣,因为圣性就内在于我们的人性;二、通向至善的路径是漫长坎坷的,自我修养无止境,在我们的一生中的任何时刻,我们都不可以说自己已经功德圆满。个人的发展、自我的发展是出发点,要开拓自己的内在的无尽的精神力量,发掘自我固有的价值。确定自己的目标,发掘自己的动力,这是立志。立志不是使自己脱离自己所处的具体的境遇,它是把自己和自己生活的具体境遇联系起来的不断更新的努力。只有在人的基本的人际关系的环境中,人才能决定从事于自我实现的人性化的任务。立志不是一个自我否定的过程,而是一个自我完成的过程。[1]

人与世界的互动交往过程即人性不断充实、扩展的无限过程。这一过程在杜维明那里被视为存有的连续性。《易》曰"天地之大德,曰生"(《周易·系辞下》)。大化流行、生生不息是"道"的运行机制。这一运行机制即谓存有的连续性。杜维明认为,中国人把这一存有的连续性认作是自明的真理[2]。宇宙自然并非由外在的力量创造,而是一个连续地、自发地自我生成的有机过程。这一过程的基本特征表现为连续性、整体性和动态性。在包罗万象的宇宙中,所有存在物都处于联系的链条中,都是连续体中必不可少的一个组成部分[3]。连续性使得这一过程具有内在联系性和相互依赖性,由此产生整体性;连续性、整体性同时又伴随着动态性,一切都处于动态的转化之中,具有无限的发展潜能。如此看来,"包罗

---

[1] 杜维明.人性与自我修养[M].北京:中国和平出版社,1988:84.
[2] 参见郭齐勇,郑文龙.杜维明文集(第3卷)[M].武汉:武汉出版社,2002:223.
[3] 参见郭齐勇,郑文龙.杜维明文集(第3卷)[M].武汉:武汉出版社,2002:227.

万象的和谐也意味着,内部共鸣构成了宇宙中事物的秩序的基础"[1]。

——节选自吴立群:《现代新儒家对公私观念的探索与重构》,载《孔子研究》,2013年第4期。

 问题思考

1. 现代新儒学兴起的意义何在?
2. 现代新儒学应如何回应现代、重建儒学?

第四节 儒学在世界各国的影响

 知识梳理

儒学在东方社会具有较大的影响力,这种影响力超越了历史的时空,传递和影响到后世的人们。儒学已深深融入韩国、日本、新加坡等国的民族文化,成为其安身立命、救亡图存、民族凝聚、国家发展的精神动力。

西方世界最初是通过在东方传教开始认识儒学的。传教士介绍中国思想的本意是为自己宗教的教义辩护,借以达到传播教义的目的。但是,他们对中国哲学文化、理性文化的介绍,并不足以为宗教的思想辩护,反而给予反宗教论者以强大的武器。在17、18世纪,儒学对欧洲产生了很大影响。

一、儒学在亚洲各国的传播

儒家思想不仅在中国有着悠久的历史,而且对韩国、新加坡、日本等亚洲各国产生了深远的影响。

---

[1] 郭齐勇,郑文龙.杜维明文集(第3卷)[M].武汉:武汉出版社,2002:229.

中国文化传入韩国已有千余年的漫长历史。古代朝鲜，曾自称"东国"，意思是中央之国（即中国）的东邻之国。早在秦汉时期，发源于中国的儒学就传入朝鲜，深深地扎根于朝鲜社会的土壤之中，并日益朝鲜化，形成具有民族特色的朝鲜儒学。朝鲜儒学延续千年，是朝鲜民族传统文化的骨干和主流。从某种意义上说，一部朝鲜文化史，也就是朝鲜儒家文化的发展史。自朝鲜三国、新罗一统到高丽时代、李王朝直至近现代，儒学广泛传播，绵延不绝，并且渗透到政治、经济、文化及社会生活的各个方面。

372年之后，朝鲜三国（高句丽、百济、新罗）相继设立太学，教授儒学经典。7世纪，朝鲜三国开始派遣贵族子弟赴唐留学。公元735年，新罗统一三国之后，引进唐朝的文化制度。神文王二年（682）正式成立"国学"，以《论语》《孝经》为最基本的教材，教授儒家经典。新罗统一三国后大量向唐王朝派遣留学生，至837年，在唐留学生达216人之多[1]。留学生中不少人参加唐王朝科举考试及第。这些遣唐留学生学成回国后，成为在朝鲜弘扬儒学的一支生力军。高丽朝（918—1392）后期，随着程、朱（熹）理学的传入，儒学大家辈出，学派林立，达到了文化学术发展的鼎盛时期。世宗大王（1418—1450年在位）不仅创造了独特的韩国文字，并且实现了以礼乐治天下的儒家精神。李朝（1392—1910）中叶后，诞生了有韩国朱熹之称的李退溪，其理气性情之辨与朱熹一脉相承，儒学在韩国的传播与发展达到了全盛时期，儒学地位上升，成为国学、国教。综观韩国历史，韩国传统文化的发展过程可以说是同中国文化交流的过程。儒家的基本理念，诸如"君臣父子夫妇长幼朋友之大伦，修身齐家治国平天下之大经"、"忠孝仁爱，信义和平"等，已经深深地根植于韩国文化之中，成为韩国民族精神的基石，并且一直延续至今。

中国儒学东渐日本，最早是以朝鲜为媒介而进行的。一般认为，285年百济博士——王仁赴日本，贡献《论语》十卷与《千字文》一卷，日本应神

---

[1] 徐远和.儒学与东方文化[M].北京：人民出版社，1994：178.

天皇之子菟道稚郎子拜王仁为师而学《论语》。自应神天皇至推古天皇的三百年间,以《易》《诗》《礼》《书》《春秋》等到儒学典籍为中心的中国古代思想文化,通过朝鲜半岛,从东亚大陆逐渐传到了日本。从 7 世纪开始,中日两国互派使者,打开了两国文化交流的直接通道。607 年,日本首次正式派遣隋使。翌年,隋炀帝派遣文林郎裴世清为答礼使陪小野妹子返日。隋使归国,日本又派遣小野妹子送之,并以留学生南渊请安、高向玄理等八人从行。在第三次遣隋使之后四年,隋亡,继而又有遣唐使之举。遣唐使自 630 年至 892 年,前后共 19 次,历 260 余年[1]。遣隋使、遣唐使、留学生、学问僧等归国时,大都带回许多中国文物礼品,其中包括儒学典籍;归国后又多主张中国思想文化移植于日本。日本上层社会一般视中国儒学作为统治阶级必备的一种文化修养。儒学在日本化过程中,与日本特有的传统思想融为一体,凝聚为日本的民族精神——大和魂。

自圣德太子时代、"大化革新"到江户时代、明治维新直至近现代,中国文化对日本民族精神的基本内涵和价值观的积淀形成起到了十分重要的作用。日本圣德太子(574—622)当政时吸收中国文化精神制定了《冠位十二阶》,并颁布了以中国文化精神为基调的《十七条宪法》,明确地把中国儒家伦理作为治国的指导思想,并一直延续发展到明治维新。尽管《十七条宪法》不是法律,但却构造了未来封建国家中央集权的政治原则,为日后的大化革新所继承。7 世纪中期,中国文化在日本得到广泛发展。孝德天皇(596—654)接受儒家"仁"及"为政以德"的思想,即位不久即颁布诏书,表示要像尧、舜那样以德治天下,达到天下归心。文武天皇时期,颁布《大宝律令》,将《周易》《尚书》《仪礼》《礼记》《毛诗》《左传》《孝经》《论语》等,作为大学或国学的必修课程,国家通过行政手段来推广中国文化,使其辐射整个社会。江户时代(1603—1867),中国文化受到异常推崇,达到中国文化的极盛时代。江户幕府第五代将军德川冈吉亲自向下属讲授"四书""五经"等儒家经典,坚持达八年之久。德川时代中国文化受到空

---

[1] 徐远和.儒学与东方文化[M].北京:人民出版社,1994:243.

前推崇,潜移默化地渗入政治、法律、道德、文学、哲学以及社会生活诸多方面,成为德川幕府社会意识形态的重要组成部分。明治维新后,日本对中国文化的态度经历了由肯定到否定再到肯定的发展过程。经过对中国文化的改造与利用之后,日本逐步把儒家伦理中的合理因素纳入经济增长的过程,创造出又一个现代化成功的实例。

越南也是儒学传入最早的国家。在秦汉时期或更早一些时间,中国统治者便在越南设立郡县,派去精通儒学的地方官吏,他们用儒术治理,使当时不知嫁娶礼法的越南社会面貌大为改观,文明社会的道德观念开始逐渐树立起来。最初给越南带去儒家文物制度的是锡光和任延两人,他们分别出任交趾和九真太守,受到越南人的欢迎和拥戴。儒学对于加速越南的封建化,对古代越南的社会发展都起过积极作用。越南进入封建社会以后,教育迅速实现了儒学化,从办学宗旨到课程设置、教材审定,都体现了崇尚儒学的精神,突出了读经尊孔的特点。1705年,越南开始推行中国的科举制度,即以儒学为准则的取士制度[1]。

在新加坡,华族人口占新加坡总人口的73%,中国文化始终占据主导地位。早期移民新加坡的华人虽然绝大多数家境贫寒,目不识丁,但脑子里的思想观念仍然是祖辈代代相传的中国传统思想观念。他们是中国文化在新加坡扎根和传衍的文化基础和文化载体。他们祖祖辈辈生活在华夏中国,深受中国文化熏陶,忠、孝、信、义等儒家伦理观念始终是他们恪守的为人处世的信条。前新加坡内阁资政李光耀曾经说:"新加坡的华人,多数是移民的后代。这些移民大都贫穷,没有受过什么教育。……虽然多数人都没有受过正统的儒家思想教育,也就是说,没有所谓的高文化,可是,大家在日常生活里,却实行儒家的道德教义。他们所具有的,是从父母和亲人那里学来的、水平较低的文化或民间风俗。这些都包含在从儒家、道家和佛教的谚语和俗语中。"[2]

---

[1] 刘宗贤,蔡德贵.当代东方儒学[M].北京:人民出版社,2003:171.
[2] 李光耀.1994年国际儒学联合会成立大会上的致辞.儒学与21世纪(上)[M].北京:华夏出版社,1996:9.

马来西亚华人社会被认为是一个典型的中国传统的社会,受儒家文化影响颇深。和新加坡华人一样,马来西亚的华人在初来马来西亚时大多是社会下层人士,文化水平不高。他们大多来自福建和广东两省。在来到马来西亚之后,仍然保留着中国传统的价值观、风俗习惯和宗教信仰。儒家的启蒙读物《三字经》《百家姓》《千字文》以及《幼学琼林》,对马来西亚华人影响很大,私塾亦教授"四书""五经"[1]。

二、儒学在欧洲的影响

作为中国传统社会思想核心的儒学,不仅给东方社会的历史发展以巨大的影响,而且西传欧洲,影响西欧的一些国家。首先是意大利。欧洲人最先足履中华大地而留有著述者,是意大利人马可·波罗。他于1275年(元世祖至元十二年)至中国上都(今内蒙古自治区多伦县西北),仕元达十七年之久,并深得元世祖忽必烈的信任。《马可·波罗游纪》盛赞东方之富庶,文明之昌盛,使西方人大开眼界,大感兴趣。自从新航路和新大陆发现之后,欧洲各国相继到东方殖民,一批欧洲传教士受教会和政府的派遣来到中国,一方面传教,一方面考察中国社会,以服务于本国的东方政策,开始了有目的的研究中国的活动。

当时航海和商业都比较发达的意大利的传教士首先来到中国。他们来华后的传教活动并非一帆风顺,常常受到阻碍,深感要让中国人信奉外国传来的耶稣教实为困难。其中最大的阻力便来自儒学。中国自汉武帝"罢黜百家,独尊儒术",到利玛窦等人来华,儒学的统治已历时一千七百多年。千余年来,孔子被当作偶像在中国社会上广泛地受到崇拜,孔子及其学派的思想牢固地控制着人们的头脑,使它对于外来的宗教有一股强大的排斥力。传教士要使人们由崇拜孔子而改奉陌生的外国上帝,谈何容易。儒学对耶稣教强有力的抵制作用和中国当时的国威,使传教士们感到对儒学不能采取强硬态度,只能研究了解和利用,甚至要做出一些必

---

[1] 刘宗贤,蔡德贵.当代东方儒学[M].北京:人民出版社,2003:305.

要的妥协。而这一切首先必须对儒学做一番认真地学习和研究。所以，利玛窦等人来华后，便首先苦心钻研儒学，进而千方百计结交中国的学者和官吏，并直叩宫前大门。为了在儒学控制下的中国为耶稣教争得一席之地，传教士们采取了利用儒家学说和介绍西方科学知识的方法[1]。

第一个以儒学附会天主教义的便是利玛窦。1595年他在南昌刊刻了《天学实义》（后改为《天主实义》），此书再版多次，并译成多种文字。该书第一次用儒家思想论证基督教教义。为帮助本国政府了解中国，利玛窦等人还把考察中国社会特别是研究儒家经典的情况介绍给本国和欧洲其他国家。他所著《基督教传入中国史》《利玛窦中国札记》曾先后以意文、拉丁文、法文、德文和西班牙文的形式出版。利玛窦在华期间撰写和翻译的汉文著作共有十九种，其中入《明史艺文志》的有六种，《四库全书》收录或存目的有十三种，被称为"西方汉学的先驱"。当时欧洲各国都以罗马为基督教中枢，各国传教士之间有密切联系，东来传教互相紧密配合，在研究及向西方介绍儒学方面也相互合作，无论哪个国家传教士的译著，都不仅影响本国，而且影响整个欧洲，甚至欧洲以外的其他国家。儒学和中国其他方面的文化思想因传教士的介绍、提倡而引起一般欧洲人士的注意，从而在欧洲掀起了一股中国热[2]。

在欧洲受儒学影响最大的是法国。16世纪中叶以后，葡、西、荷等早期殖民国家相继在中国沿海进行侵略活动。与之配合的是耶稣会的传教士。最早由耶稣会派遣来华的法国传教士是金尼阁。金尼阁是意大利传教士利玛窦的弟子。他继利氏将"四书"翻译成拉丁文之后，将"五经"翻译成拉丁文。继金尼阁之后，1688年受法国国王路易十四派遣来华的传教士张诚、白晋、李明、刘应、洪若翰五人到达北京。随白晋返华的法国传教士马若瑟精心研究《书经》，还在中国翻译了《赵氏孤儿》，后托人带回法国。儒学在十七八世纪的法国引起了强烈的反响，它对中世纪神学统治下的法国乃至整个欧洲，都起到振聋发聩的作用。在18世纪的法国，中

---

[1] 杨焕英.孔子思想在国外的传播与影响[M].北京：教育科学出版社，1987：150.
[2] 杨焕英.孔子思想在国外的传播与影响[M].北京：教育科学出版社，1987：157.

国受到上自王公贵族下至平民百姓的普遍重视,人们争相了解和谈论中国,研究中国,对中国的文学、艺术、哲学、政治学、经济学、伦理学到教育学等,都极感兴趣,形成了一股引人注目的中国热。

对孔子推崇最甚者莫过于启蒙思想家伏尔泰。他曾在耶稣会所办学院受教育,传教士们所介绍的中国给了他深刻的印象。伏尔泰精读了各种儒学经典及孔子思想论著的译本,认为中国的政治、哲学、道德、科学都是完美无缺的。中国作为一个文明古国拥有四五千年的历史更使伏氏赞叹不已:"我们不能像中国人一样,这真是大不幸。""我读孔子的许多书籍,并作笔记,我觉得他所说的只是极纯粹的道德,既不谈奇迹,也不涉及玄虚。""我曾好好地读过孔子的四书五经,我从那里撷取到不少的东西,我发现四书五经是一个最纯洁的道德,丝毫没有半点的虚伪内在。""我全神贯注地读了他的这些著作;我从中汲取了精华;除了最纯洁的道德外我从未在其中发现任何东西,并且没有些许的假充内行式的蒙骗的味道。""在这个地球上曾有过的最幸福的、并且人们最值得尊敬的时期,那就是人们遵从他的(孔子的)法规的时期。"[1]伏尔泰还曾以中国元曲《赵氏孤儿》为蓝本写成《中国孤儿》剧本。剧中表现了暴力折服于道义,蛮勇败北于智慧。伏尔泰说:"多么可悲,西方人也许应该感到羞愧,……竟要到东方找到一位智者,……他在公元前六百余年教导人们如何幸福地生活……这位智者便是孔子……自他之后,普天之下有谁提出过更好的行为准则?"[2]这些行为准则使"普遍的理性抑制了人们的欲望,把己所不欲,勿施于人这条法则铭刻在每个人的心中"[3]。伏尔泰一生著述极丰,全集九十七册中,对中国及孔子学说的赞扬俯拾皆是,他把孔子的画像挂在自己的礼拜堂里,朝夕礼拜,可见其对孔子的推崇及景仰。

法国百科全书派的领袖是霍尔巴赫。霍氏对儒家思想中的反宗教思想十分赞赏。他反对法国和欧洲野蛮的君主专制制度,推崇孔子以德治

---

[1] 转引杨焕英.孔子思想在国外的传播与影响[M].北京:教育科学出版社,1987:166.
[2] 转引杨焕英.孔子思想在国外的传播与影响[M].北京:教育科学出版社,1987:166.
[3] 转引杨焕英.孔子思想在国外的传播与影响[M].北京:教育科学出版社,1987:166.

国的政治主张。认为"在中国,理性对于君主的权力,发生了不可思议的效果,建立于真理之永久基础上的圣人孔子的道德,却能使中国的征服者,亦为所征服",征服者虽可毁坏田园村庄,"可是建立于真理之永久基础上的圣人孔子的道德,却能抵抗此狂风暴雨,保留至今,使野蛮征服者对此亦须保持尊敬,而以之为政府施政的目标"。他把中国的政治制度理想化,他说"欧洲政府非学中国不可"[1]。百科全书的主编狄德罗对儒学也有很高的评价。

  18世纪德国受儒学影响最深的是哲学界和文学界。在哲学界,对孔子和中国文化最为崇拜的学者当属莱布尼茨。莱布尼茨对于儒学的赞美,有时竟达到了狂热之境。莱布尼茨读过不少耶稣会传士的译著,并研究过《易经》。莱布尼茨发现如以阴爻代表0,以阳爻代表1,则《易经》图像从0到64均为二进位的连续数列,这与他自己1678年所发明的二元算术完全一致。之后,他又将二进位制数学扩展到加减乘除四个方面。从此,他对中国古代文明更加景慕。他斥责那些在中国传统思想面前夜郎自大的欧洲学者:"我们这些后来者,刚刚脱离了野蛮状态的欧洲人就想谴责一种古老学说,理由只是因为这种学说似乎首先和我们普通的经院哲学的概念不相符,这真是狂妄至极。"[2]"我们的事物这样的没有条理,道德的堕落,有增无已,我想我们需要中国派一些学者来教我们国教的目的和应用……因为我相信,假如要一位聪明的人来裁判哪个国家的人民最为善良,那末无疑的,他必会选中中国人。"[3]莱布尼茨之后而将儒学用德语传播于知识界的是他的学生沃尔弗。沃尔弗1721年在哈尔大学发表了题为《中国的实践哲学》的讲演,对儒教和基督教做了很有说服力的对比分析,对欧洲学者了解孔子思想起了很大作用。由于他在讲演中赞美儒学,认为儒学可以弥补基督教之不足,带有轻视基督教的倾向,因此遭到正统神学派的强烈反对。尽管沃尔弗宣扬儒学与基督教教

---

[1] 转引杨焕英.孔子思想在国外的传播与影响[M].北京:教育科学出版社,1987:166.
[2] 转引杨焕英.孔子思想在国外的传播与影响[M].北京:教育科学出版社,1987:173.
[3] 转引杨焕英.孔子思想在国外的传播与影响[M].北京:教育科学出版社,1987:174.

义并不冲突,然而当时的德国政府却认为他宣传了无神论,并以此为口实解除了他的教职,并勒令他在 48 小时内离开国境,否则处以绞刑。然而沃尔弗的被驱逐不仅没有降低他的威望,反而使他博得了许多学者和人们的普遍同情和支持,儒学也由此而得到了意想不到的广泛传播。他的哲学思想后来为普鲁士各大学所采用,风靡了德国的哲学界。然而,德国著名的哲学家康德和黑格尔则持与前述学者迥异的儒学观。康德对儒学伦理的评论十分苛刻,黑格尔对中国哲学和儒学更是轻蔑。

延伸阅读

1 儒学的世界文化价值

具有世界声誉的汤因比又在其《人类与大地母亲》一书的第二十五章《开启精神生活的新里程(约公元前 600—前 480 年)》中,在人类文化发展史的意义上曾高屋建瓴地写道:

> 在至多不过是 120 年的时间里,也就是说,仅只是四五代人的时间里,旧大陆出现了五位伟大的先觉者。……这五人中的第一位,是伊朗先知琐罗亚斯德。他的生卒时间和地点不详……这些先觉者中的第二位是所谓"以赛亚第二"。他本人或是他的著作的一位编者,把他撰写的书附加在公元前 8 世纪犹太先知以赛亚撰写的书中,以此方法隐去自己的姓氏。……与琐罗亚斯德相同,佛陀的生卒年月也不得其详。它大约是在公元前 567—前 487 年之间。……孔子当与佛陀是同时代的人……毕达哥拉斯大约也与佛陀是同时代的人。……可能除去毕达哥拉斯之外,这些公元前 6 世纪的先觉者们直至今日仍对人类发挥着直接的或间接的影响,其影响要超过当代的任何人。我们这一代人中,半数以上人受到佛陀的直接影响,三分之一以上的人受到孔子的影响。"以赛亚第二"对今天的直接影响,

除犹太教徒之外,还扩及基督教徒。琐罗亚斯德对当代的直接影响,只限于帕西人……虽然如此,琐罗亚斯德今天仍对犹太教徒、基督教徒和穆斯林,以及他自身的信徒,发挥着间接的影响。[1]

卡尔·雅斯贝尔斯在其《智慧之路》一书中曾写道:"每一种伟大的哲学,都是完满的,都是一个整体,它无须参照任何广阔的历史真理,而仅凭自己的正义生存。"他认为中国哲学就是这样一种伟大的哲学。因此他又曾这样地总结过人类哲学的历史而写道:"哲学独立地在中国、印度以及西方发展起来。除了偶然的相互交流之外,这三个世界直到基督诞生的时代一直是如此极端隔绝,以至于它们中的每一个——就一般而论——都必须以它们自己的形式去加以研究。……在这三个世界中,哲学的发展都遵循着一个相类似的曲线。它们经过一个难以说明清楚的初期历史之后,种种基本的观念在轴心时代(公元前 800—200 年)产生于世界各地。继此之后是一段瓦解崩溃的时期。"[2]

儒学正是"轴心时代"发生于中国、发展于中国而后走向世界的最有影响的中国文化形式,在汉语境中,儒学则是所谓中国"国学"的核心内容——中国文化构成中最重要的基础。

——节选自顾士敏:《中国儒学导论》(修订本),云南大学出版社 2007 年版,第 12-13 页。

2 儒学的现代背景

"现代性"思潮推动下发生的历史运动,在三个多世纪的时间和不断扩张的空间中,在"现代意识形态"和"现代科学技术"的传播中,以历史的必然性创造出了各种不同的现代化模式,如"西欧模式""北美模式"和"东亚模式"等,而如"东欧模式""中东模式""非洲模式""南亚模式"等更多的模式也即将要出现于历史。而在同一模式中,不同的文化也有着不同的

---

[1] 阿诺德·汤比因.人类与大地母亲[M].徐波等译.上海:上海人民出版社,1992:219-220.
[2] K.雅斯贝尔斯.智慧之路[M].北京:中国国际广播出版社,1988:95-99.

"现代"表现,如"西欧模式"中的英国和法国、"北美模式"中的美国和加拿大、"东亚模式"中的日本和韩国,等等。那么,于不同"现代化"过程中建立起的"现代文化",肯定都是千姿百态的。

在古代传统的农业经济中,"未来"的生产在"过去的经验"基础上来组织,它的时间是"历史",它的感情抒发似"咏叹调"那如歌的行板,它的竞争不过是人与自然的拼搏,它所要求于人的仅仅是其生理功能。在工业化的现代产业经济中,以就事论事的、当前的最低限度目标为指向,它的时间是"现在",它的感情表现就是严密组织起来的"交响乐",它的竞争在于人与"人造自然"之间的不断创新的"供求关系"之中,那么,所要求于人的就是从生理功能走向以心理—智力功能对生理的指挥。而在信息经济中,以预测未来、了解趋势为指向,它的时间是"向未来学习",它的感情是"摇滚"中情感的爆发,它的竞争在于人与人"交换频繁""沟通复杂""诉讼密集"的相互关系中。"信息爆炸"淹没了对"知识"的渴求,于是,"供给"的需要变为"选择"的需要,"受体"变为"主体"化了。作为"超前"心理基础的,是对"滞后"的恐惧,因为人们现在所面对的已不再仅仅是一个单纯的"物质空间",更是一个人造的复杂无比的"概念空间"。在此,虽说"人性中的平衡何在?"这一古老的问题,以新的形式——所谓"后现代"的形式出现,从而让人不再敢于怀疑它的"永恒"。

于是,就不能不回顾一个"现代化"的理论问题了——在1904—1905年发表的《新教伦理与资本主义精神》一书中,其作者马克斯·韦伯(Max Weder,1864—1920)第一次把"现代性"的历史运动定义为:"理性主义是一个历史的概念,它包含着由各式各样东西构成的一个完整的世界。"韦伯认为,在"现代化"历史现象的发生中,"在一部世界文化史中,即便是从纯经济的角度看,我们的中心问题,归根到底,也不是资本主义活动发展本身(这种发展在不同文化中只在形式上有所不同:要么是冒险家类型,要么是贸易、战争和政治的资本主义,要么是作为获利手段的经营)";需要引起关切、注意和应当给予诠释的"中心的问题毋宁是:以其自由劳动的理性组织方式为特征的这种有节制的资产阶级的资本主义的起源问题。或从文化史来说就是：西方资产阶级的起源及其特点的问题；这个问题与资本主义劳动组织方式的起源肯定有着密切的关系，但又不完全是一回事"。

因为有一个不可否认的同样伟大的历史现象存在于人类社会中，这就是："为什么资本主义利益没有在印度、在中国也做出同样的事情呢？为什么科学的、艺术的、政治的或经济的发展没有在印度、在中国也走上西方现今所特有的这条理性化道路呢？"[1]韦伯的结论是："在构成近代资本主义精神乃至整个近代文化精神的诸基本要素之中，以职业概念为基础的理性行为这一要素，正是从基督教禁欲主义中产生出来的。——这就是本文力图论证的观点。"在《新教伦理与资本主义精神》一书的末页，韦伯清醒地写道："一般而言，现代人，即使是带着最好的愿望，也不能切实看到宗教思想所具有的文化意义及其对于民族特征形成的重要性。但是，以对文化和历史所作的片面的唯灵论因果解释来替代同样片面的唯物论解释，当然也不是我的宗旨。每一种解释都有着同等的可能性，但是如果不是作作准备而已，而是作为一次调查探讨所得出的结论，那么，每一种解释都不会揭示历史的真理。"[2]

马克斯·韦伯在《新教伦理与资本主义精神》一书中，所提出的最重要的问题是：没有经历宗教改革洗礼的古老民族，作为其文化中最深刻的存在的宗教伦理精神将对其"现代化"进程的迟速和"现代化"模式的形成，产生无法意料的严重影响。那么，这对于其他文化或文化群体是否也是一种历史的必然呢？

3 儒学的现代出路

在文化人类学意义上，对于所谓"哲学"或"宗教"似可以作出这样的区分：以无止境的对"思"与"在"的同一的追求为终极关怀的"爱智慧"，

---

[1] 马克斯·韦伯.新教伦理与资本主义精神[M].北京：生活·读书·新知三联书店,1987：13.
[2] 马克斯·韦伯.新教伦理与资本主义精神[M].北京：生活·读书·新知三联书店,1987：57-144.

以"爱智慧"获得真正的"知识"而不惜为魔鬼的人质的浮士德精神,是哲学之美;而以某种想象的意境建构——圣境、道境、佛境中的自我精神满足为"思"与"在"的同一,这一儒家精神、庄子精神和慧能精神,在中国文化史上的存在,是一件毋庸置疑的普遍"事实",那么问题就成为哲学—宗教的存在形式问题了。源于古希腊和古希伯来而后于西欧发展起来的"基督教"是一种宗教形式,此外还有无其他可能的宗教存在形式呢?与此同时出现的也许是一个更深刻的问题——"现代化"运动的发展是否就意味着所有"前现代"文化价值的丧失?显然,答案是否定的。

在希腊文化具有永恒的魅力这一前提下,所有文化中的宗教问题都是存在的、有价值的和应当反思的——在这一"后现代"意义上"人的存在"的真正"出场"的问题,就已不是一个耳熟能详的"礼乐复兴"的问题,而是一个儒学能否作为"中国现代化"的精神—文化资源和儒学如何作为"中国现代化"的精神—文化资源的问题。关键也许在于,儒学能否以"历史"的形式给予疏解、解释以至释放,这本身就是一个问题——所谓"儒学""儒教"与"儒家文化",这三者并不是同一意义上的存在。

孔子是一位真实存在于历史上的凡人,"儒"的原义为"知识分子"。而"知识分子"的原义又是什么呢?对这一问题,柏拉图在《苏格拉底的申辩》一文中记载了苏格拉底曾这样说的一段话:

> 如果大家说释放我的条件就是我以后不再研究哲学,再研究的话就处死我,我会这样回答你们:"雅典的人民:我爱你们,我也尊敬你们。我应该服从神,而不是你们。只要我一息尚存,还有些许力量,就断然不会放弃研究哲学,我还要像从前那样去劝告大家要净化自己的灵魂,而不要一味地追求财富。这是神的嘱托。……大家可能会说,你怎么不把嘴巴闭上,一走了之呢?我绝对不会这样做。因为这样是违背神的意愿的,如果这样做了,活着还有什么意义?"

苏格拉底说的这一段话,就是所谓"知识分子精神"。为什么是"知识分子精神"呢？也许可以作出这样的回答：

> 以真理为目的的探索不同于以成功或好处为目的的探索，也不同于以获得美学品质为目的的创造。如果哲学以探索为要务，那么在确定一种哲学判断是可以接受的或正确的这个问题时，唯一相关的问题就是，对于它所判断的事情的真实性，我们掌握证据吗？……所谓哲学的目的这个问题，取决于建议中的各种哲学目标这个问题。哲学唯一的终极关切，就是能够通过探索发现真理吗？就是去发现这样一些命题，它们相对于其客体的真实性，能够由各种理由和证据公开得到证实吗？也就是说，它只关心说明什么是真实的，并说明它为什么真实，或者真理本身受着构成哲学之终极目标和标准的另外一些事情——例如，什么是美学上的满足，什么是道德上或实践上的善——的决定？[1]

所谓"哲学精神"，即"人"所独具的"向世界开放"的"自由"。而"自由"则意味着"人"的"在路上"和"在路上"的"焦虑"，是一个与一切生物的"适应"针锋相对的概念。那么，所谓"知识分子"究竟意味着什么呢？陈寅恪先生在《王观堂先生挽辞》中所谓"其所殉之道，与所成之仁，均为抽象理想之通性，而非具体之一人一事"。这也确乎为王国维先生的知心之言。这里的"抽象理想"，就是知识分子应有的理想："独立之精神""自由之思想"。这是知识分子的独立人格和作为人类中一分子而存在的尊严之所在。而所谓"独立之精神"与"自由之思想"，不是别的什么，究其核心来说，无非就是"以理念世界来批判现实世界""以价值理性来追问经验社会"而已。对于"现代知识分子"来说，"关切政治、参与社会和究心文化是今天知识分子必须具备的价值取向"[2]。

而所谓"儒教"则是一种制度文明——"儒教文明"。对这一前现代历

---

[1] 劳伦斯·卡弘.哲学的终结[M].南京：江苏人民出版社，2001：13-17.
[2] 杜维明语，见郑文龙.杜维明学术文化随笔[M].北京：中国青年出版社，1999：4.

史上曾经存在的文明形式,布罗代尔于《资本主义论丛》一书中曾这样说起:

> 不事先彻底摧毁国家——无论是封建国家或非封建国家——资本主义永远也不可能发展起来;中国就是一个极好的例子。相反,封建制根深蒂固的日本彻底摧毁了国家,而在封建制的废墟上,资本主义——香花也罢,毒草也罢——终于得以茁壮成长。[1]

所谓"儒家文化",就是一种宗教戒律的替代物——"社会人文和伦理道德的说教"的传统。在中国古代社会,原始宗教被"礼乐文明"所整合之后,作为中国人文精神的形而上学的儒学的产生是必然的。虽然儒教与儒家文化的产生也是同样必然的,但这三者虽存在着紧密联系却始终并非一体。因此,"新文化"的问题终究不仅是一个"儒教革命"和"儒学转轮"的问题。"新知识分子"虽然已不可能是王国维、罗振玉之流的"文化保守主义"者,但亦不是一般意义上的"文化抗议者"与"文化批判者",更不是陈序经之流的"全盘西化"即"文化更化"者。却也不是"文化革命"者——在20世纪的中国历时十年的"文化大革命"其最大的历史教训或许在此。

"现代化"历史进程中最先表现出来的重要文化现象就是"世俗化",即利益、效益和追求利益、表现效益的程序化成为社会行为通约的最高准则,其形式即"契约"化一切社会关系。"资产阶级在它已经取得了统治的地方把一切封建的、宗法的和田园诗般的关系都破坏了。它无情地斩断了把人们束缚于天然首长的形形色色的封建羁绊中,它使人和人之间除了赤裸裸的利害关系,除了冷酷无情的'现金交易',就再也没有任何别的联系了。它把宗教的虔诚、骑士的热诚、小市民的伤感这些情感的神圣激发,淹没在利己主义打算的冰水之中。它把人的尊严变成了交换价值。"(马克思、恩格斯:《共产党宣言》,第200页)——这些无疑都是存在的。

---

[1] 费尔南·布罗代尔.资本主义论丛[M].北京:中央编译出版社,1997:55.

但"世俗化"的一个最积极之处还在于它使社会全面地"理性化",在"世俗化"所波及之处,"神秘主义"的精神寄托为"理性主义"的实际行动所代替,成为不可避免的思维定式。于是,"经典"的不断消失就成为"经典"在"现代"的某种必然。于是,无论在任何宗教中,以"祭祀制度"形式存在的文化教育模式都已面临着空前的危机,以"祭祀制度"为形式的文化教育模式,都不可避免地面临着被"现代教育"制度所取代的命运。1905年"科举"制度的终止,仅不过是其一个简单的序曲罢了。

自《庄子·天下篇》提出,经熊十力强调,而于现代新儒家终为终极关怀的所谓"内圣外王",只是庄门中人的一个返璞归真之梦。于现代新儒学语境中,所谓"内圣之学"者,即孔子、孟子所奠定基础的儒学;而所谓新"外王"——即"外王事功"者就是在儒学传统的基础上去解决"新文化运动"所提出的问题——"民主"与"科学"的问题,也即梁漱溟《中国文化要义》中所谓"民主、自由、平等一类要求不见提出,及其法制之不见形成""学术不向着科学前进"的问题。而所谓"民主"的问题,就是改造"儒教文明"的社会建构的问题;而所谓"科学"的问题,就是改造"儒家文化"的意识形态的问题。

于是,就不能不说我的结论是成立的——儒学,作为一个抽象概念,所指的是"轴心时代"发生于中国、发展于中国而后走向世界的儒家哲学、儒家思想、儒家道德以及在中国文化史上发挥出了不可替代的历史意义的儒家话语体系。而所谓"儒教"则是一种制度文明——"儒教文明"。所谓"儒家文化",是一种宗教戒律的替代物——"社会人文和伦理道德的说教"的传统。

——节选自顾士敏:《中国儒学导论》(修订本),云南大学出版社2007年版,第193-200页。

第二章 中国现代化进程的特殊性考察

第一节 "五四"时期科学主义的形成

在"五四"时期,"民主"与"科学"享有崇高地位。在中国社会从传统向现代转变的历程中,科学和随后形成的科学主义是促使人们价值观和人生观进行深层变革的重要思潮。所谓科学主义即把科学作为形而上的信仰体系崇拜。"五四"时期,科学已由纯技术层面的学习、引进,上升到科学主义。

一、中体西用理论下的科学

中国社会进入19世纪,乾隆盛世已成过眼烟云。魏源这样描述清王朝的颓败:"夷烟蔓宇内,货币漏海外,漕蹉以此日蔽,官民以此日困。"(《明代食兵二政录序》)马克思指出这个封建帝国的社会风尚、财政、工业和政治结构都已危机四伏。他说:"到1840年在英国的大炮破坏了皇帝的权威,迫使天朝帝国与地上的世界接触,与外界完全隔绝曾是保存旧中国的首要条件,而当这种隔绝状态通过英国而为暴力所打破的时候,接踵而来的必然是解体的过程。"[1]

从19世纪60年代到90年代,"中学为体,西学为用"思潮由隐而彰。近代中国之所以区别于古代,莫过于在近代这百年多年间中国社会所发

---

[1] 马克思,恩格斯.马克思恩格斯选集(第1卷)[M].北京:人民出版社,1995:692.

生的全面而急剧的变迁。这一大变革的内容，除了我们可以感知得到的种种沧海桑田、面目全非的物质制度、文化方面的"成果"外，近代中国以来中国人持续高涨的变革诉求更是这一大变革的题中应有之义。作为第一批具有近代意识的知识分子，林则徐、魏源是最早睁眼看世界的中国人。魏源提出"师夷长技以制夷"，主张从西方购买新式武器或机器，并主张建立民族工业。魏源的这些思想可谓是洋务运动和戊戌变法的先声。自19世纪60年代起，一场由清廷中主张兴办"洋务"的官员发起的，以"求强""求富"为目标的近代化浪潮在中国大地兴起。"采西学""制洋器"，发展近代企业与培养西学人才，成为洋务大臣们汲汲以求的事功。洋务大臣的实践活动颇有西方色彩，然而其内在思想体系却是相当中国化的。这不仅表现在他们决不抛弃纲常名教，而且表现在推动他们经办洋务的思想渊源仍然是古老的"经世致用"传统。如果说，道咸两朝的龚自珍、魏源、林则徐是晚清"中体西用"的第一代主将，那么，同光间的洋务大臣曾国藩、李鸿章、左宗棠、张之洞便是晚清"中体西用"的第二代核心人物。张之洞于光绪二十三年（1897）作《劝学篇》，全文虽没有"中学为体，西学为用"的字样，但却对"中体西用"思想进行了系统总结与全面发挥。

"中学为体，西学为用"作为一种文化主张并非张之洞首创。早在清乾隆时期，钦定《四库全书总目》便宣称："欧罗巴人天文推算之密，工匠制作之巧，实逾前古。其议论夸诈迂怪，亦为异端之尤。国朝节取其技能而禁传其学术，具存深意。"所谓"节取其技能而禁传其学术"，正是"中体西用"论的滥觞。近代以来，从务实致用观念出发，主张在维护封建主义纲常名教的前提下，采用西方实用科技大有其人。咸丰十一年（1861），冯桂芬提出"以中国之伦常年教"为原本，"辅以诸国富强之术"，这是"中体西用"思想的最初提出。以后，洋务派和早期维新派在此方面有诸多论述。光绪二十一年（1895），《万国公报》主笔兼上海中亚书院总教习沈寿康以"南溪赘翁"署名发表《救时策》一文，提出："夫中西学问，本自互有得失，为华人计，宜以中学为体，西学为用。"首次作出"中学为体，西学为用"的完整表述。从冯桂芬到盛宣怀乃至光绪帝的形形色色的"中体西用"说虽然意义并不相同，但以"中学"为体、为道、为本，以"西学"为用、为器、为末的思路是一脉相承的，从中透露出中国传统文化对待西方近代文明成果那种既排斥，又吸纳，既怀钦羡之情，又抱虚骄之态的矛盾心态。

张之洞对"中体西用"的内涵作了精密的阐释。对于"中学"，张之洞强调儒学的正宗地位和"经世致用"传统。张之洞力奉儒学"经世"之旨，特别注重弘扬儒学的兴教化、正人心的现实政治功能。他的"中学为体"既指以儒学维系专制政治秩序，更指以儒学强化纲常名教统率下的人际关系。张之洞归纳、总结了"西学"的丰富内涵，同时严格限制了它"为用"的界限。在林则徐、魏源时代，"夷之长技"仅指坚船利炮。伴随洋务运动的展开，西方"格致"之学，声光电化开始受到人们的重视。而比洋务大臣更激进的改良派思想家则将"设议院""通民情"等涉及政治体制方面的内容也列入应予仿效的"西学"范畴。张之洞总结前人，从广泛的意义上概括了"西学"的内容："西政、西艺、西史为新学。"(《劝学篇·外篇·设学第三》)他具体阐释"西政""西艺"的涵义："学校、地理、度支、赋税、武备、律例、劝工、通商，西政也。算、绘、矿、医、声、光、化、电，西艺也。"(《劝学篇·外篇·设学第三》)除设立议院，张之洞将前此人们提出的中国应该仿效、采纳的西方资本主义近代文明的全部内容，统统纳入"西学为用"的范围。这里面既有科学技术，又有法律制度，还有行政措施。科学在"中体西用"中是在"用"的范围之内，属于受支配、受利用的形而下的层面[1]。

二、科玄论战

"中体西用"将科学技术归之于传统的器，对科学的理解还处于形而下的技术的层面。洋务派提出中体西用主张的目的在于维护清王朝的统治，维护中国的纲常名教伦理。科学技术仅仅被看作国家富强的手段，是维护传统的观念信仰和价值体系的工具。随着近代工业的兴办，一定程

---

[1] 参见丁祯彦，臧宏.中国哲学史教程[M].上海：华东师范大学出版社，2004：384-386.有删改。

度的资本主义经济的发展,以及一批留学西方接受西方近代科学洗礼的知识分子相继回国,他们根据对西方科学的实质和功能的认识,开始重新审视"中体西用"的主张。加之甲午战败,在民族危机面前,人们开始认识到仅仅变革技术层面是不够的,还要相应进行制度层面的变革,还要关注方法论和人们思想方式的变革。他们认识到这其中内含的认识方法和思维模式可以用来改变中国人的思想观念。科学具有了整合人们意识的道的功能,上升为一种普遍的法则。

自"五四"运动至1949年的30年间,可以说出现了中国历史上第二次自发的百家争鸣。20年代到40年代之间发生了三大论战:科学与人生观的论战,关于中国在当时的社会性质的论战,全盘西化和中国本位的论战。当时参加论战的人很多,发表的文章也不少,问题与主义、社会主义、无政府主义、科学与玄学。科学与玄学的论战,也叫做人生观之论战。论战由张君劢在清华给学生作的一个人生观的演讲引起。他宣称,人生观问题必须由玄学来解决。接着丁文江发表了《玄学与科学》一文,于是展开了科学与玄学的热烈论战。争论的中心问题是科学能否解决人生观的问题。玄学派代表东方文化派,科学派代表西方文化派。玄学派认为,国家主义、工商政策、科学教育三者是欧洲文明为人类设置的三重网罗,只有竭力提倡内生活修养之说,摈弃功利主义,人类才可以摆脱阶级斗争和社会革命的痛苦。而科学派是赞成功利主义、快乐主义的,肯定人的生物学要求。

以丁文江、胡适为代表的科学派在"五四"著名的科玄论战中占了上风,反映出科学主义思潮在中国近代化过程中已经形成了一定声势,也说明科学派认为中国在走向现代化的进程中,需要通过走发展科学之路使国家走上现代化,通过物质文明的提高解决人的生存、发展问题,比较符合历史的发展进程和中国人生的现实需要,其观点易为人们所接受。科学派主张科学应作为现代人生观的理论基础。由于科学派将科学提升到价值—信仰体系的高度,科学已不同于实证的具体知识形态,而被赋予了某种世界观的意义,形成科学主义,具有理论体系的特征。并且,随着科学向知识、生活、政治等各个领域的渗入,科学派将科学升华为一种具有普遍价值的,涵盖面极广的思维方式,这种思维方式是具有普遍性的绝对行之有效的准则。科学派认为,科学的方法是万能的,当然应当而且会在人生之域发挥威力。科学派要求用科学来裁决人生问题。新文化运动的启蒙思想家以前所未有的精神和态度宣传科学知识和科学精神,进行科学启蒙,使科学和民主一样,成为取代旧的价值系统和信仰系统的鲜明旗帜。科学作为一种普遍的价值规范,逐步渗透到社会生活中的各个领域,成了人们重要的价值取向。

"五四"前后的历史转折与新主义、新信仰的确立密切相关。自晚清至民初,各种主义就已出现,但是当时政治的主题在"立宪""共和",主义虽有人宣传,尚处于萌发状态。自新文化运动兴起,至北洋势力倒台,各种主义并立,热闹非凡。马克思主义、社会主义、资本主义、"好政府主义"、新三民主义,无政府主义、国家主义等,都有代表人物、理论体系、社会群体、报刊阵地和政治目标。主义的并立既是历史的要求,也是时代的产物。辛亥革命的结局,民国初年的纷扰,迫使人们寻找新的精神武器。第一次世界大战和俄国十月革命已为社会主义、马克思主义鸣锣开道,国际势力的渗透以及中国内部矛盾的复杂与知识群体的多元取向,种种因素将各种主义酿造出来。主义的并立反映出中华民族建立现代国家的进程已迈入理性、自觉的阶段,同时,主义的并立又预示着前程的艰难与曲折[1]。

第二节　西方社会自由与民主的渊源与发展

在西方社会,"自由""平等""民主""人权"等观念由来已久。无论是古希腊时期对理想社会的主观抒发,还是启蒙运动时期对现实社会的客

---

[1] 参见丁祯彦,臧宏.中国哲学史教程[M].上海:华东师范大学出版社,2004:433-437.有删改。

观诉求,都反映了人们对"自由""平等""民主""人权"的渴望与追求。经过启蒙思想家们的理论探索与资产阶级革命的社会实践,"自由""平等""民主""人权"构成了西方社会文化观念的基本框架,并且已经化育为西方政治制度的内在价值和基本原则。当代西方许多国家非常重视"自由"与"民主",不仅通过国家立法确立其神圣不可侵犯性,而且通过国民教育予以普及与强化,引导人们认同并遵守,由此保证社会的秩序和社会生活有序地运转。

一、古希腊时期国家与社会的构想

自古以来,构建和谐社会、建立理想国家一直是人类追求的理想。关于理想国家,西方思想家有过不少论述。古希腊哲学家柏拉图认为,人们必须有共同的信念才可能组成一个稳固的共同体。在由个人组成的国家中,必须确立一个和谐统一的生活秩序。只有全体公民都服从这一良好秩序,才能实现使每个公民都过上美满幸福生活的理想目标。柏拉图说:"之所以要建立一个城邦,是因为我们每一个人不能单靠自己达到自足,我们需要许多东西。"[1]柏拉图认为,城邦起源于社会分工。人类为了解决衣食住行等生存问题,必须共同生活在一起,从而建立起最初的城邦。一个人类共同体总是由不同的、对立的甚至是冲突的成分组成的,利益冲突是不可避免的,因此就需要一个基于共同的信念之上的,能够指导利益分配的原则。在这一原则基础上确立起来的国家将是一个由"善"的理念所统辖的秩序井然的体系。柏拉图的"理想国"就是这样一个美妙的共同体。这个共同体是在正义的原则上建构起来的。一个国家实现了正义,它就会朝着"善"的方向发展,进而实现整个社会的和谐与幸福。

《理想国》的宗旨是要建立一个整体幸福、社会和谐的完善国家:"我们建立这个国家的目标并不是为了某一个阶级的单独突出的幸福,而是为了全体公民的最大幸福。"[2]柏拉图强调了共同的信念对于人类共同

---

[1] 柏拉图.理想国[M].北京:商务印书馆,1986:58.
[2] 柏拉图.理想国[M].北京:商务印书馆,1986:133.

体是至关重要的。为了城邦的生存与和谐稳定，人们必须自觉遵守社会秩序，维护社会的稳定和谐。只有这样，国家才能安定和谐，长治久安。在柏拉图的理想国中，人与人之间有着明确的分工，"各安其位，各司其职"，实现了个人与社会的和谐。在柏拉图看来，共同遵守和谐的秩序，是维护国家稳定的必要条件。他反复强调："我们的立法不是为城邦任何一个阶级的特殊幸福，而是为了造成全国作为一个整体的幸福。它运用说服或强制，使全体公民彼此协调和谐，使他们把各自能向集体提供的利益让大家分享。而它在城邦里造就这样的人，其目的就在于让他们不致各行其是，把他们团结成为一个不可分的城邦公民集体。"[1]

亚里士多德在对理想政体的探寻中亦极为重视共同体的价值追求。他说："共同体的确立应以高尚的行为为目标，而不是单单为了共同的生活。"[2]他认为，一个共同体之所以能够建立和维持，是因为建立在一定价值追求之上的，他把这一追求称为"善"。在一个共同体中，共同的价值追求则是"至善"。亚里士多德在分析社会的起源时，更关心的是社会起源的终极原因以及如何实现其最终目标的原初动机。"一切技术、一切规划以及一切实践和抉择，都以某种善为目标"[3]，"所有共同体都是为着某种善而建立的。很显然，由于所有的共同体旨在追求某种善，因而，所有共同体中最崇高、最有权威、并且包含了一切其他共同体的共同体，所追求的一定是至善"[4]。亚里士多德认为，城邦存在的目的在于促进人们的善德，达到人类真正美满幸福的境地。他说："共同利益把他们聚集起来，各自按自己应得的一份享有美好的生活。"[5]因此，政体应以追求至善为目标。"最优秀的政体必然是这样一种体制，遵从它人们能够有最善良的行为和最快乐的生活"[6]。

---

[1] 柏拉图.理想国[M].北京：商务印书馆，1986：519-520.
[2] 亚里士多德.政治学[M].北京：中国人民大学出版社，2003：90.
[3] 亚里士多德.亚里士多德全集（八）[M].北京：中国人民大学出版社，1992：3.
[4] 亚里士多德.政治学[M].北京：中国人民大学出版社，2003：1.
[5] 亚里士多德.政治学[M].北京：中国人民大学出版社，2003：82.
[6] 亚里士多德.政治学[M].北京：中国人民大学出版社，2003：230.

在亚里士多德看来,政治生活在更高一层次应该是与道德生活相统一的。保持政体的健康稳定,维持政体原则的纯洁,首要问题是德性。"要真正配得上城邦这一名称而非徒有虚名,就必须关心德性问题"[1]。正如麦金太尔所指出:"当亚里士多德把正义誉为政治生活的首要德性时,他这样说就是指出,一个对正义概念没有实际一致看法的共同体,必将缺乏作为政治共同体的必要基础。这种基础的缺乏也将危及我们自己的社会。"[2]换言之,崇高的价值理念不仅使城邦公民的关系和谐,而且成为公民集团的精神纽带、法治信仰的基础。

柏拉图和亚里士多德都把共同体的价值追求看作社会秩序的前提和基本要素。这一思想对后世产生了非常深刻、久远的影响。共同体的价值追求形成了共同体的价值体系,以此为准则来评判社会生活和价值主体,形成了共同体的共同信念。共同体的共同信念是社会秩序合理性的基础,是社会调整人们之间以及个人与集体、个人与社会之间关系的行为规范的有效黏合剂。通过共同信念,把社会成员的行为规范到一定的秩序内,以维护共同体的利益,促进国家与社会的发展。在古希腊,自由、平等、正义等理性精神,是城邦公民政治文化的核心与精髓。近现代以来,人们坚持不懈地实践着对理想社会的追求。

二、启蒙运动时期自由与平等的诉求

欧洲历史在经历了基督教神学漫长的黑暗统治之后,开始把关注的目光从天国转向人间,从上帝转向人类自身的生活和存在。西方启蒙运动思想家对当时的教会权威和封建制度采取了怀疑或反对的态度,把理性推崇为思想和行动的基础。启蒙思想家号召人们拿出勇气去运用自己的理性,号召人们从传统的等级秩序中解放出来,追求自由与平等。西方启蒙思想家认为,只要人人独立自主地运用自己的理性,就可创造一个"自由、平等、博爱"的社会。

---

[1] 亚里士多德.政治学[M].北京:中国人民大学出版社,2003:88.
[2] 麦金太尔.德性之后[M].北京:中国社会科学出版社,1995:308.

自由的本意是从束缚、奴役中解放出来，获得自主和自立。它是启蒙思想家所珍视的首要价值。在中世纪，自由是上帝的专利权。自由的概念属于神学讨论的对象，具有形而上学的抽象意义。上帝是绝对自由的，而人类堕落的根源正是滥用自由意志的结果。康德认为，启蒙的首要条件就是自由。所谓启蒙，即开启民智，消除愚昧。只要给公众以自由，启蒙便水到渠成。卢梭在其《社会契约论》的开首写道："人是生而自由的，但却无往不在枷锁之中。"[1]在卢梭看来，放弃了自由"就是放弃自己做人的资格，就是放弃人类的权利，甚至就是放弃自己的义务"[2]。

平等的概念是与封建等级制和教阶制直接对立的。平等的对立面是社会的或人为的等级和奴役。卢梭认为，服从一个人的社会化的公共自我并非被任何他人所强制。为确保这样的自由，平等是绝对必需的，因为没有这样的平等，人就无法参与法律的制定。卢梭因为珍爱平等而反对奴役。他认为，奴役之所以可能，就是因为存在贫富之悬殊。一切不平等都可归结为贫富之间的不平等。现实社会的准则和法律体系总是迫使穷人为富人做出牺牲，这些准则和法律就是为财富的不平等而设置的。既然如此，根除奴役的惟一办法便是使无人可富到能购买他人的地步，也使无人会穷到须出卖自己的地步。那便是为人身自由所必需的平等的最低限度[3]。约翰·洛克把自由、平等、民主看成根本的人权，提出了"天赋人权"概念。他在《政府论》中严斥君权神授的封建教条："人类天生都是自由、平等和独立的"，"人民有天赋的权力"，"不能变更，更无从否认"[4]。启蒙思想家的自由平等观念深刻地影响了启蒙之后的现代社会。

人们渴望自由、追求平等，因为自由、平等是人的本质、人的尊严、人的根本价值所在。1776年7月4日，美国庄严签署了独立宣言。宣言的主要起草者托马斯·杰斐逊(1743—1826)在这份文件中表达出了这样的

---

[1] 卢梭.社会契约论[M].北京：商务印书馆，2003：4.
[2] 卢梭.社会契约论[M].北京：商务印书馆，2003：10.
[3] 卢梭.社会契约论[M].北京：商务印书馆，2003：70.
[4] 洛克.政府论[M].北京：商务印书馆，1964：18.

"美国理念":"我们认为,下列真理是必然的:人人生而平等;人人具有从他们的缔造者接受的一些不可剥夺的权利;其中包括生命权、自由权和追求幸福的权利;为保障这些权利,应在这些人中建立政府,其合法性应为被统治者认同;一旦一个政府证明有损于这个目的,那么人民就有权改变或撤销它,并任命新的政府,政府必须建筑在这样的原则之上,它的权力必须能够保障人民的安全与幸福。"[1] "人人生而平等""生命权、自由权和追求幸福的权利"是人们"不可让渡的权利"[2],这一核心价值是《独立宣言》的精神实质之所在。

启蒙运动在理论上创造了"自由""平等"的社会核心价值,而启蒙推动下的资产阶级革命则使这种社会核心价值由观念变为现实。启蒙思想家将"自由""平等"视为人的内在本质和价值。"自由""平等"观念的出现是人类精神的一次大解放,为资产阶级革命提供了必要的思想武器。法国资产阶级正是以"自由""平等"为思想武器,推翻了封建主的统治,建立了资产阶级共和国。"自由""平等""博爱"是法国大革命时革命者最珍惜的价值,也是当时最震撼人心的三个口号。18世纪末,在一些欧洲国家出现了骚动,市民和农民起来反对当权者,最坚决的抗议行动发生在法国。1789年的法国大革命就是一场反对奴役、反对压迫、反对强权的斗争,革命的矛头直接指向封建等级特权。1792年8月10日,巴黎人民高举平等的旗帜,喊出了"平等万岁"的口号。巴黎公社把8月10日起义称为"平等革命",在其文件中使用的纪年是"自由第四年,平等元年"。1793年1月21日,国王路易十六被送上了断头台,封建制度、封建特权的最高象征被打倒了。19世纪的法国思想家皮埃尔·勒鲁曾写道:"法国革命把政治归结为三个神圣的词:自由、平等、博爱。我们先辈的这个格言不仅写在我们的纪念性建筑物、钱币和旗帜上,而且铭刻在他们的心中,他们把它看作神的意旨。"[3]平等已成为法兰西共和国的灵魂。

---

[1] 转引加里·沃塞曼.美国政治基础[M].北京:中国社会科学出版社,1994:221.
[2] 转引加里·沃塞曼.美国政治基础[M].北京:中国社会科学出版社,1994:221.
[3] 皮埃尔·勒鲁.论平等[M].北京:商务印书馆,1991:11.

启蒙运动"照亮"了中世纪一千年的"黑暗王国"。从此,自由和平等的思想成为近代社会的精神主题。启蒙之后,自由、平等、民主、人权一直是西方人无比珍惜的价值,成为人类长期以来不懈追求的美好价值目标。千百年来,这一理想鼓舞着世界各国人民为掌握自己的命运而奋斗不息,推动着人类不断向前发展,成了人类永恒的精神追求。在当代,自由、平等、民主、人权已成为西方国家所奉行的圭臬,并且已经化育为西方政治制度的内在价值和基本原则。

第三节 俄罗斯现代化历程的经验与教训

1917年俄国十月革命开辟了人类历史的新纪元。世界上第一个社会主义政权在俄国建立。1991年12月,这个在列宁时期打败了14国联合干涉、在二战中打败了穷凶极恶的希特勒法西斯的大国,在从传统向现代的转型中宣告解体。苏联剧变被称为"静悄悄的革命""天鹅绒革命"。在没有一枪一卒的情况下共产党主动让出政权,广大的党员和人民群众没有做丝毫抵抗。这场"基本上非暴力的动荡"令人十分费解。面对苏联解体,人们陷入了深深的思索。

一、斯大林模式的辉煌

回顾历史,1917年,俄国十月革命推翻了资产阶级统治,建立了无产阶级政权。列宁将马克思主义与俄国的具体国情相结合,成功地领导了十月革命,建立了世界上第一个社会主义国家政权,并发展出新的理论——列宁主义。在列宁主义旗帜下,俄国成功地打破了帝国主义的包围和封锁,恢复了被战争破坏的国民经济,无产阶级革命政权得以巩固和壮大。

列宁去世后,人们一度对社会主义感到迷失,苏联共产党内关于社会主义的争论也一直持续不断。斯大林以坚定的共产主义信仰和从未动摇的社会主义信念带领苏联继续进行社会主义实践的探索,走出了一条新的模式。这一模式创造出了非凡的业绩,造就了苏联社会主义的辉煌,被称为斯大林模式。斯大林模式使苏联迅速实现了工业化,苏联的工业以前所未有的速度迅速发展。从1928年到斯大林逝世为止,苏联工业总产值几乎增长了20倍,到1937年,工业总产值在总产值中的比重上升到77.4%[1]。苏联仅用了十几年的时间就完成了资本主义国家用了几十年甚至上百年才完成的工业化任务。正如西德《世界报》所说,在斯大林取得全部领导权时的"俄国还和沙皇时代一样是一个农业国家。当他30年后去世的时候,苏联已成为在世界上占第二位的工业强国","西方几乎花了二百年的时间才做到的事情——在俄国几十年不长的时间里用残酷的办法、坚定的意志实现了,总而言之,这是现代史中最伟大的经济和社会改革"[2]。

苏联取得的巨大成就与西方资本主义全面衰退乃至崩溃形成鲜明的对比。霍布斯·鲍姆在谈到这一事实时指出:"无论何种尺度来衡量都非同小可,对数以百万计出生村野的人来说,即使在当年最艰苦的年代,苏联的发展之路也意味着新视野的开启,代表着由无知的昏昧走向光明先进的城市。至于个人的启迪、事业的开发,自然更不在话下。新社会证据确凿,不由得人民不信服。"[3]斯大林模式所创造的奇迹充分体现了社会主义的优越性,极大地增强了苏维埃政权的威信,坚定了人们对马克思列宁主义的信念。在斯大林时期涌现了无数无私奉献、奋不顾身的英雄人物。高尔基的《母亲》、奥斯特洛夫斯基的《钢铁是怎样炼成的》,以及《铁流》《恰巴耶夫》《无脚飞将军》《斯大林格勒大血战》《远离莫斯科的地方》等文艺作品,真实反映了在苏联革命、战争、建设中苏联人民为实现共产主义的豪言壮举,代表了一代苏联人的价值目标和行为取向。保尔、卓亚、马特洛索夫等英雄形象所代表的精神品质在人们的头脑中深深地扎

---

[1] 布莱克.日本和俄国的现代化[M].北京:商务印书馆,1984:223.
[2] 罗伊·麦德维杰夫.让历史来审判——斯大林主义的起源及其后果[M].北京:人民出版社,1981:225.
[3] 霍布斯·鲍姆.极端的年代(下)[M].南京:江苏人民出版社,1998:574.

下了根。

斯大林模式取得了巨大的成功，也造成了一定的僵化。根据社会发展的需要，赫鲁晓夫开始进行突破僵化的斯大林模式的改革。虽然改革的初期取得了一定的成绩，但由于多种主客观原因，赫鲁晓夫未能触动原有体制的基本框架，改革未见成效。继赫鲁晓夫之后，苏联开始了长达18年的勃列日涅夫时期。勃列日涅夫时期，一个特权阶层逐渐形成。据俄国学者估计，这一阶层大约有50万人到70万人，加上他们的家属，共有300万人之多[1]。特权阶层的存在必然会严重地冲击国家利益至上的价值观，动摇人们对社会主义的信仰。尽管勃列日涅夫执政后期已面临严重的信仰危机，但由于此时国民经济仍然保持稳定发展，民众在就业、受教育、福利补助以及免费医疗等方面仍然享有较充分的社会权利，人民生活水平仍然得到不断提高，因此虽然社会各阶层都对当局存在着不满，对官方信仰危机日益加深，但大多采取充当"夜间人"和政治冷漠的消极态度，尚未对社会稳定造成直接危害。

二、新思维下的一盘散沙

1985年，戈尔巴乔夫当选为苏共中央总书记。1987年11月，戈尔巴乔夫的《改革与新思维》出版。1988年6月，苏共第十九次全国代表会议提出，以"公开性""民主化"和"社会主义意见多元化"作为三个重要手段进行全面的政治体制改革，实现"人道的民主的社会主义"。随着公开性、社会多元化方针的推行，各种非正式组织产生并迅速发展。1990年8月，据《莫斯科新闻》估计，当时苏联已有2 000—3 000个政党，其中全国性的政党约20个，共和国一级的政党500多个[2]。各种政治流派带着各自利益轮番登场，各种社会思潮带着躁动的情绪纷至沓来。各种相互对立的行动纲领和价值观念都要在俄罗斯的这片土地上争得一席之地，反对派利用戈尔巴乔夫的所谓"民主化"与公开性大肆宣扬反党反社会主

---

[1] 陈之骅.勃列日涅夫时期的苏联[M].北京：中国社会科学出版社，1998：15.
[2] 刘洪潮.苏联1985—1991年的演变[M].北京：新华出版社，1992：17.

义的论调。

  与改革设想的结果相反,民主化、公开化并没有换来相应的经济效应。俄罗斯经济转轨采用突然性的方式,实行"休克疗法"。"休克疗法"使俄国经济遭受了致命打击。俄罗斯整个 90 年代经济严重衰退,GDP 下降了 50% 以上,投资减少了 80%,居民实际收入下降了 43%,实际工资收入下降了 60%,退休金下降 45%[1]。实行"休克疗法"的 10 年间,仅 1996 年低于贫困线收入的人口占比达 53.3%,其中赤贫人口占比达 20.4%[2]。人们期望能够通过改革使国民经济得到发展,人民生活水平得到提高,尽快赶上西方发达国家。而多年来积累的经济、政治、社会民族等问题却迟迟得不到解决,社会情绪日益急躁化。群众对苏共的不满和失望迅速升级,政治情绪明显趋于激进化。国民经济滑坡和社会两极分化产生了一系列消极的社会现象,犯罪率急剧增长。1990 年,俄罗斯正式登记的谋杀案是 1.43 万件,而 2002 年就已经超过 3.2 万件[3]。不少人以吸毒、酗酒、卖淫的方式发泄对社会的极度不满与不安。居无定所、流浪儿童、心理疾病人数急增,社会的精神状态急剧恶化。政局动荡、经济恶化、民族分裂日益严重,长期以来积累的矛盾骤然尖锐化,国家陷入全面危机。连苏共领导人也不得不承认,社会乌烟瘴气,我们已经处于混乱的边缘[4]。

  1989 年底,各加盟共和国纷纷脱离苏共和苏联而独立。1991 年 12 月,俄罗斯、白俄罗斯和乌克兰宣告建立独立国家联合体。12 月 21 日,苏联 11 个国家的领导人签署了《阿拉木图宣言》,宣告随着独联体成立,苏联社会主义共和国联盟将停止存在。12 月 25 日晚 7 时,戈尔巴乔夫在克里姆林宫发表电视讲话,宣布辞去苏联总统职务。7 时 38 分,缀有镰刀和锤子图案的苏联红色国旗从克里姆林宫上空悄然降落,俄罗斯联邦的白、蓝、红三色国旗随即升起。至此,苏联的历史宣告终止。

---

[1] [俄]尼·别尔嘉耶夫.俄罗斯的命运(中译本)[M].昆明:云南人民出版社,1999:8.
[2] 赵定东."破"与"立":俄罗斯社会转型的历程与现状[J].东北亚论坛,2005(2).
[3] 周尚文,黄军甫.社会转型过程中的俄罗斯政治思潮分析[J].东欧中亚研究,2000(2).
[4] 黄苇町.苏共亡党十年祭[M].南昌:江西高校出版社,2002:7-8.

叶利钦以苏共的叛逆者和苏联的掘墓人的形象走上了执政台。他主张走西方式的发展道路,强调无政府主义,弱化国家的作用。全盘西化带来的是经济濒临崩溃、人民生活水平急剧下降,国际地位一落千丈。20世纪90年代,俄罗斯国内生产总值几乎下降了50%,国内生产总值仅相当于美国的十分之一,相当于中国的五分之一。在1998年金融危机之后,俄罗斯的人均国内生产总值降至3 500美元,不到"七大国"平均水平的五分之一。这是俄罗斯两三百年来首次真正面临沦为世界二流国家,甚至三流国家的危险。苏联解体后的社会实践使俄罗斯人的美好愿望成为泡影。政治动荡、经济衰退、民族冲突不断、人民生活水平下降。与叶利钦的设想相反,全盘西化并未得到以美国为首的西方国家的支援和帮助,却使俄罗斯人的大国尊严丧失殆尽。西方化的社会转型尝试遭到失败。人们从西方化的迷梦中惊醒过来,全盘西化思潮的政治光环逐渐淡去。

三、重塑俄罗斯思想

2001年,普京当选为俄罗斯总统。普京认识到"有成效的工作不可能在一个四分五裂的社会里进行,不可能在一个主要社会阶层和政治力量信奉不同价值观和不同意识形态的社会里进行"[1]。因此,有必要以"俄罗斯思想"来团结俄罗斯社会。概括起来,"俄罗斯思想"包括爱国主义、强国意识、国家作用和社会团结四个方面。重塑"俄罗斯思想"成为普京施政纲领的指导思想。普京在《千年之交的俄罗斯》中明确提出,未来俄罗斯的发展目标是要建立一个强有力的国家。2007年12月31日,普京发表新年贺词明确表示,坚信俄罗斯人民已经选择了一条通向成功的正确道路[2]。

如何将新思维下的一盘散沙再重新凝聚起来,需要强有力的黏合剂。普京通过重新树立强大的国家观念,揭示了俄罗斯民族的共同性。在俄罗斯传统中,国家和政权对于俄罗斯人民是天经地义的,正如俄国著名历

---

[1]《参考消息》2000-1-11.
[2] 庞大鹏.俄罗斯的新政治战略[J].俄罗斯中亚东欧研究,2010(1).

史学家谢·索洛维约夫所说:"在俄罗斯的历史中我们发现一个重要的现象,即国家,其统治不断扩展的国家。"[1]俄罗斯人民将国家视为俄国历史的神圣遗产。普京指出,"俄罗斯人自古以来就有的传统的价值观"就是重视国家和社会团结。他说:"俄罗斯人民在历史上就形成了对国家主义思想的喜好。只有强有力的国家政权才能够在进化的轨道上控制社会的发展。"[2]"俄罗斯即使会成为美国或英国的翻版,也不会马上做到这一点,在那两个国家里自由主义价值观有着深厚的历史传统。而在我国,国家及其体制和机构在人民生活中一向起着极为重要的作用。有着强大权力的国家对于俄罗斯来说不是什么不正常的事,不是一件要去反对的事,恰恰相反,它是秩序的源头和保障,是任何变革的倡导者和主要推动力。"[3]俄罗斯人相信集体的力量,依恋于村社和国家。集体重于个人的概念深深扎根于俄罗斯社会。

普京以"俄罗斯思想"整合各种社会思潮,发挥了社会稳定的安全阀效用,俄罗斯社会转型也初见成效。俄罗斯社会目前正处于近10年来少有的政治相对稳定、经济状况好转的状态。俄罗斯的社会转型开始走向健康的发展之路。2000年俄罗斯经济增长率为7.6%,工业产值增长率为9.5%,轻工业增长达150%—200%,投资比1999年增长了20%,十余年来首次出现无赤字预算。居民人均收入水平增长幅度为6.5%,平均工资增加20%—21%,全国失业人口从上年的11.1%减少到8.9%,通货膨胀率也控制在21%以内[4]。在此基础上,2001年GDP增长率为5.5%,2002年为4.1%,2003年也有较高的增长率。

纵观俄罗斯从传统迈向现代的艰难曲折,我们发现,民族传统在现代化进程中的重要地位。在列宁时期,列宁把马克思主义的普遍真理同俄国革命的具体实际相结合,形成了列宁主义。列宁主义不仅得到俄国人民的广泛支持和认同,而且转化为巨大的精神力量,在社会主义建设的实

---

[1] 白晓红.普京的"俄罗斯思想"[J].东欧中亚研究,2000(2).
[2] 姜毅.社会转型过程中的俄罗斯民族主义[J].东欧中亚研究,1997(2).
[3]《参考消息》2000-1-11.
[4] 转引自《文汇报》2001-12-31.

践中发挥了巨大的作用。戈尔巴乔夫执政期间提出以"新思维"为指导思想进行改革。在新思维下,各种思潮喧嚣弥漫,社会动荡,经济下滑。其后,叶利钦否定列宁主义,主张走西方式的发展道路。对民族传统的全盘否定、突如其来的转轨使俄罗斯面临着剧烈的社会冲突。普京总结了戈尔巴乔夫和叶利钦时期的经验教训,重视俄罗斯的民族传统,以"俄罗斯思想"作为维系俄国各民族、各阶层人民的精神支柱。"俄罗斯思想"振奋了民族精神,增强了社会凝聚力。俄罗斯进入了一个政治相对稳定、经济状况好转的复兴时期。

 延伸阅读

1 "现代性"概念的起源与界定

"现代性"一词在什么时候开始出现,不同的学者有不同的说法。美国学者马泰·卡林内斯库曾经对它的语源进行了考察。他指出,这个术语至少从17世纪起就在英国流行了。《牛津英语词典》记录了"现代性"(modernity,意思是"现时代")一词在1672年的首次出现。该词典还援引了霍勒斯·沃波尔的话,他在1872年的一封信中谈论查特顿的诗歌时,说到了任何只要有耳朵的人"都不能原谅"的"他们'语调的现代性'"。在沃波尔的用语中,"现代性"意味着对审美的某种微妙的感觉,它似乎一方面接近于个人"风格"的概念,另一方面则接近沃波尔本人所说的"观念与措辞的晚近倾向"。按照卡林内斯库的解释,沃波尔主要是在音乐方面使用现代性这个词的,也就是说它主要与声音和语调有关[1]。

卡林内斯库还提到,在法语中相应的 modemite 一词,其出现比英语要迟得多,人们曾找到它在19世纪中期时的三处使用。利特雷词典在泰奥菲尔·戈蒂埃发表于1867年的一篇文章中找到了它;罗贝尔词典发现

---

[1] 马泰·卡林内斯库.现代性的五副面孔[M].北京:商务印书馆,2002:49.

它首次出现于夏多布里昂出版于1849年的《墓中回忆录》;不过,这两本词典都没有提及美学家波德莱尔在他写于1859年、发表于1863年的论康斯坦丁·盖伊的文章中也曾使用过"现代性"一词。在波德莱尔的《现代生活的画家》(1863)这篇文章中,他写出了有关美学现代性的一句名言:"现代性是短暂的、易逝的、偶然的,它是艺术的一半,艺术的另一半是永恒和不变的……"[1]这里,波德莱尔将现代性作为一种强烈的、当下的时间意识,使它与代表着永恒与不变的"过去"相区别,进而强调现代艺术应当着眼于对当下的、转瞬即逝的事物的感受,强调对当下的灵感、情感的捕捉,而不是回到古代去寻求纯艺术的、永久可靠的美的观念。虽然对当下生活中的美加以想象与创造具有某种神秘的意味,但它却是"一切创造性的源泉"。美的永恒就存在于过渡与短暂中,这就是艺术的时间悖论。这样,现代性在波德莱尔那里并不是某种用以对现代与古代加以分期的标签,而是一种对现代艺术新观念的倡导。

对"现代性"术语的溯源,在美国后现代哲学家詹姆逊(Fredric Jameson,1934—)那里走得更远。他写道,可以使人惊讶的是,"这个词早已在公元5世纪就已经存在"。不过,基拉西奥斯教皇一世(494—495)使用该词来表示的,仅仅是对先前教皇的时代与当代作出的区分,也就是作为一种年代的分期,而不含有现在优越于过去的意思。然而,差不多处于同一时期,当卡西奥德洛斯写作时,即哥特人征服罗马帝国以后,这个词开始有了新的含义。在这位研究文学的学者看来,"现代"的对应词是"过去"。虽然从教皇的角度看,哥特人新建立的帝国并没有在基督教传统中形成一种断裂,但对于知识人士而言,它却代表了一种根本性的分界,使得先前的古典文化有别于现代文化,而后者的任务在于对先前的文化进行再造。詹姆逊指出,正是这种"分界"使得"现代"这一术语形成了特定的意义,并且这一特点延续至今。

以上我们大致了解了"现代性"一词在西方的语源学情况,不过显然

---

[1] 马泰·卡林内斯库.现代性的五副面孔[M].北京:商务印书馆,2002:55.

我们更会关心的是在当代的理论论争中，这一概念究竟意指什么。在现今我们所知道的有关现代性概念的界说中，比较著名的有如下三个。

一是吉登斯将现代性看作是现代社会或工业文明的缩略语，它包括从世界观（对人与世界的关系的态度）、经济制度（工业生产与市场经济）到政治制度（民族国家和民主）的一套架构。他着眼于"从制度层面上来理解现代性"[1]，因此他的现代性概念主要指称在后封建的欧洲所建立、并在20世纪日益成为具有世界历史性影响的行为制度与模式。在这个意义上，现代性大致等同于"工业化的世界"与"资本主义"，包括其竞争性的产品市场和劳动力的商品化过程中的商品生产体系。在吉登斯的现代性思想中，他特别突出了现代性与传统的"断裂"，视之为在这种断裂后建立起来的"一种后传统的秩序"[2]。因此，现代性与传统的区别，在吉登斯那里根本在于一种"制度性的转变"，即在制度性、文化与生活方式等方面发生的秩序的改变。它具体表现为两个突出的结果：一是对于社会而言，它确立了跨越全球的社会联系方式的"全球化"；二是对于个人而言，它确立了西方的个人主义的价值观念与行为方式，即以自我实现为核心的"我该如何生活"的思考与追求。

二是哈贝马斯把现代性视为一项"未完成的设计"[3]，它旨在用新的模式和标准来取代中世纪已经分崩离析的模式和标准，来建构一种新的社会知识和时代，其中个人"自由"构成现代性的时代特征，"主体性"原则构成现代性的自我确证的原则。在哈贝马斯看来，现代性的一个最为核心的问题，就是它的自我理解与自我确证的问题。对于中世纪社会来说，并不存在这样的问题，因为在一个神权的社会里，宗教意识形态已经提供了有关的答案，《圣经》的上帝创世说、原罪说等已经为现世的合理性作出了回答，人生的目的已被定位为依靠对神的信仰、通过禁欲而求得灵魂的救赎。而自启蒙运动以来，当人们试图建立一种新的社会与文化的时候，

---

[1] 安东尼·吉登斯.现代性与自我认同[M].北京：生活·读书·新知三联书店，1998：1.
[2] 安东尼·吉登斯.现代性的后果[M].南京：译林出版社，2000：3.
[3] 于尔根·哈贝马斯.现代性的哲学话语[M].南京：译林出版社，2004：1.

这种以自由等天生不可剥夺的权利为核心的价值系统,以及相应的政治与经济制度的安排,随着价值来源根据的转换,其合理性何在,就成了需要确证的问题。既然世界已不再被看作是上帝的造物,而是人的理性的设计,自然这种合理性的根据也就出自人本身,出自人的理性。因此理性成了真理之源、价值之源,从而也成了现代性的安身立命之地。

三是福柯(Michel Foucault,1926—1984)将现代性理解为"一种态度",而不是一个历史时期,不是一个时间概念。"所谓态度,我指的是与当代现实相联系的模式;一种由特定人民所作的志愿的选择;最后,一种思想和感觉的方式,也就是一种行为和举止的方式,在一个和相同的时刻,这种方式标志着一种归属的关系并把它表述为一种任务。无疑,它有点像希腊人所称的社会的精神气质(ethos)"[1]。特别地,这种现代性的"态度"或"精神气质",福柯把它解读为一种"哲学的质疑",亦即对时代进行"批判性质询"的品格。在论述启蒙的意义的时候,他特别强调,我们应当从启蒙中继承下来的精神财富,或者说能够连接起我们与启蒙的共同的态度,正是这种对时代进行永恒批判的哲学气质,而不是去忠实于某种信条。因此,对于福柯来说,现代性从根本上意味着一种批判的精神。

以上我们看到,这三位思想家对现代性作出了各自不同的解读。吉登斯从社会学的角度将现代性等同于"工业化的世界"与"资本主义"制度,哈贝马斯从哲学的角度将现代性看作是一套源于理性的价值系统与社会模式设计,福柯同样也从哲学的视角出发,不过却将现代性视为一种批判精神。在本书后面的部分,我们将看到更多的这类答案不同的解读。这种情况向我们展现的正是解释学所谓的文本的可解释性与"多义性"。文本的意义是可以通过解释而不断产生的,这些意义的不同来源于解释的视角的不同。

——节选自陈嘉明:《现代性与后现代性十五讲》,北京大学出版社2006年版,第2-5页。

---

[1] 汪晖,等.文化与公共性[M].北京:生活·读书·新知三联书店,1998:430.

2 "儒学现代转化"问题的提出与实现

儒学的现代转化问题,是新文化运动以来一直困扰着中国人的一个问题。

作为中国文化核心的儒学能否由传统而向现代转化?倘有可能,将如何转化?这是与中国文化的未来密切相关的一个问题。自1840年"鸦片战争"以来,中国的真正的危机是什么?这不是一个所谓"见仁见智"的问题。

中国真正的危机,不在于疆域中,也不在于种族上。历史证明,中国的"疆域"或"种族"问题从来都是"文化"基础上的问题,因而是其次的问题。危机更不来自"宗教"。中国真正的危机,只能存在于"文化"中——这就是所谓"文化中国"的意义。"文化中国"在哪里都可能出现;但在哪里也都是"中国文化"一旦消失,"文化中国"亦随之消失——那么,自1840年"鸦片战争"以来,中国的真正的危机是"新文化"的缺位。"新文化运动"的目的,是建设和造就"中国新文化",而并非"批孔",更不是"消灭汉字"。"新文化运动"的载体,是"新知识分子"——能够从人类思想史基础上释读"中国文化"和发展"中国文化"的人。而这也是文化人类学的最终目的之所在。

因此,如吴虞的檄文《儒家主张阶级制度之害》表现出的激烈的批判态度发生的原因之一,在于对儒学的误读——所谓"孔孟之道在六经,六经之精华在《满清律例》"者,无非是把儒学归结为"儒教文明"的意识形态,再把"儒教文明"的意识形态归结为末代王朝的凶残刑律以及腐朽政治。当然,儒学、儒教文明与末代王朝三者之间,无疑存在着斩不断的历史联系,但如简单地混同起来以完成归纳,就不仅是武断的,而且是荒谬的了。但这一简单的混同、归纳,却不幸又是时代的集体无意识——把中国"现代化"进程中危机发生的原因,归结于满族政权的无能;而帝制复辟的主角与外援、舆论制造者及暴力拥有者,均与这一末代王朝之间存在着千丝万缕的联系,那么帝制复辟就必然意味着末代王朝复辟、凶残刑律与腐朽政治复辟、"儒教文明"及其意识形态儒学的复辟。于是,由反复辟而质疑、批判以至摈弃儒学,即可"毕其功于一役"——虽不敢说这是新文化运动激烈批孔反儒的唯一原因,但却不能不说这是新文化运动"以意识形态反击意识形态"成为主要形式的一个重要原因之所在。在此,或许还须待时日而不能深入讨论之。但吴虞《儒家主张阶级制度之害》一文中对儒学未来的期望,却可说不乏卓见,如文末所谓:"呜呼!太西有马丁·路德创新教,而数百年宗教界遂辟一新国土;有培根、笛卡儿创新学说,而数百年学界遂开一新天地。儒教不革命,儒学不转轮,吾国遂无新思想、新学说,何以造新国民?悠悠万事,惟此为大已!吁!"他因意识到历史已造就儒学在中国文化中有不可替代的地位,从而在激烈批判的同时又不能不满怀希望其日新、又新。儒学是"非宗教"的中国文化中的"人文精神"之所在,因此而是"造新国民"的基础之所在。而欲以儒学去"造新国民",却又绝对不能遍地建设"孔教会",发动舆论、简单地提倡"尊孔读经"而奉之为所谓"国教",这反而有可能导致"儒教文明"的真正复活;欲以儒学去"造新国民",作为一种文化传统中的传统文化,首先需要的是迎接革命以走出困窘,在这一传统文化中发动马丁·路德似的"宗教改革"与实现培根、笛卡儿似的"理性释读"去创新儒学。只有这样,才能避免在自己历史中孕育、养成的人文精神却不得不"一次又现代新儒家的出现一次地遭到杀戮"的不幸。

现代新儒家对儒学的现代转化问题表现出了最大的热情,成为20世纪中国思想史上一道异常独特的风景。在探索中学与西学、中国传统与西方现代性相互结合的途径方面,现代新儒家从理论上作出了最难能可贵的探索。从20世纪20年代梁漱溟的《东西文化及其哲学》,到40年代冯友兰的"贞元六书",从牟宗三试图通过道德理性的"自我坎陷"实现老"内圣"开出新"外王",到唐君毅洋洋70余万言的《生命存在与心灵境界》的发表,等等,无不是新儒家在中西文化关系上所作出的积极探索。他们也许是20世纪中国学者当中最具创造性的一群。

通过"会通"而实现文化的"互补",作为一种治学方法在中国历史上有着悠久的传统。如自佛法东传以来,儒佛交融、儒佛会通就逐渐成为儒佛关系的主流,最终形成了亦出世亦入世的儒学化的禅宗和佛教色彩浓厚的宋明理学。在中国历史上不乏倡导儒佛互证的佛教大德和儒门宗匠,儒佛会通使中国文化以开放的胸怀接纳了印度文化,也使佛教的圆融精神在中国文化里发扬光大。

儒佛会通可以说是现代新儒家的起点,不论是今文经学的康有为、谭嗣同、梁启超,还是古文经学的章太炎,或者是现代新儒家的奠基人梁漱溟、熊十力,无不与佛教结下不解之缘,他们或亦佛亦儒,或出佛入儒;援佛入儒、会通儒佛是他们的共同倾向,佛教在儒家传统的重建与现代转换中发挥了重要作用,可以说,儒佛会通是现代新儒家产生的前提。现代新儒学对佛教唯识学的吸收、改造,是在宋明理学援佛入儒构建了儒家形而上学体系的启发下发生的。

儒学若欲在现代社会中重新振兴,就首先必须重建自己的现代哲学体系,就必须吸收儒家以外的思想,并加以融会贯通,在新的基础上去张扬儒家精神。而吸收儒家以外的思想——继续"文化会通",从而实现"文化互补",大致不外乎两条理路:其一是传统的理路,即汲取和改造佛学的成果;其二是现代的理路,即汲取和改造西方哲学。

其中传统的理路是首先被提出的,也是更具影响力的。因此,在现代新儒学的初期,儒佛会通成为现代新儒学哲学构建的主要方向。现代新儒家在哲学上对佛学的引入主要表现在对唯识学的改造上。近代以来,唯识学以其严密的逻辑性、强大的思辨性备受学界重视,在很大程度上与传入中国的西方哲学有很多相通之处,如梁启超认为,康德哲学近似佛学,章太炎将唯识学与柏拉图、康德、黑格尔、叔本华哲学作过很多比较研究,因而近代中国出现了以佛学会通中西哲学的倾向,"在某种程度上,佛家唯识学乃中国近代哲学之母"[1]。以唯识学会通儒佛重建儒家哲学体系从谭嗣同开始,经过章太炎,最终由熊十力完成的。熊十力《新唯识论》的发表,标志着现代新儒家理论构建的完成。"在生活感受和学识基础这两个方面,熊与上一阶段的谭嗣同、章太炎等人倒一脉相承,比较接近,他们构造体系和酝酿思想的资料、手段和途径,都主要是通过引佛入儒或由

---

[1] 李向平.救世与救心——中国近代佛教复兴思潮研究[M].上海:上海人民出版社,1993:22.

佛返儒以融合儒佛来构建新学"[1]。

谭嗣同以儒家的"仁"会通唯识家的"识",并杂糅西学的"以太"构建了庞杂的体系,其哲学基础和方法论是唯识学。章太炎以唯识学的三性说为框架建构了认识论哲学体系,认为只有唯识家的"依自不依他"的"圆成实性"才是"无分别智",才能最终把握宇宙的"真相"。而熊十力可以说是近代哲学家中融合儒佛思想的代表人物。他的整个哲学体系是以唯识学的方法组织起来的,但熊并非只拘泥于唯识学,而是以儒家易学的"阴阳翕辟""体用不二"来改造唯识学,他说:"吾惟以真理为归,本不拘家派,但《新论》实从佛家演变出来,如谓吾为新的佛家,亦无所不可耳。然吾毕竟游乎佛与儒之间,亦佛亦儒,非佛非儒,吾亦只是吾而已矣。"他自认《新唯识论》"以佛补儒之缺,以儒补佛之失"(熊十力《新唯识论·功能上》)。

在吴虞提出问题之后约30年,1921年8月,梁漱溟于山东济南讲演《东西文化及其哲学》所谓:"东方化对于西方化步步的退让,西方化对于东方化节节的斩伐!到了最后的问题,是已将枝叶去掉,要向咽喉处去著刀!而将中国文化根本打倒!"[2]之后。又过了20年——20世纪40年代中期终于有了贺麟这样的回答——1941年8月《思想与时代》第一期上发表的《儒家思想的新开展》一文,首先提出了现代的理路,即汲取和改造西方哲学以完成儒学的转化问题。云:

> 根据对于中国现代的文化动向和思想趋势的观察,我敢断言,广义的新儒家思想的发展或儒家思想的新开展,就是中国现代思潮的主潮。
>
> 儒学是合诗教礼教理学三者为一体的学养,也即是艺术宗教哲学三者的和谐体。因此新儒家思想之开展,大约将循艺术化、宗教化、哲学化之途径迈进。
>
> 盖儒家思想本来包含有三方面:有理学,以格物穷理,寻求智慧。有礼教,以磨炼意志,规范行为。有诗教,以陶养性灵,美化生

---

[1] 参见李泽厚.中国现代思想史论·略论现代新儒家[M].北京:东方出版社,1987.
[2] 梁漱溟.梁漱溟学术精华录[M].北京:北京师范大学出版社,1988:5.

活。故求儒家思想之新开展,第一,必须以西洋之哲学发挥儒家之理学。……苏格拉底、柏拉图、亚里士多德、康德、黑格尔之哲学,与中国孔孟程朱陆王之哲学会合融贯,而能产生发扬民族精神之新哲学,解除民族文化之新危机,是即新儒家思想发展所必循之途径。使儒家的哲学内容更为丰富,系统更为谨严,条理更为清楚,不仅可作道德可能之理论基础,且可奠科学可能之理论基础。

第二,须吸收基督教之精华以充实儒家之礼教。儒家的礼教本富于宗教之仪式与精神,而究竟以人伦道德为中心。宗教则为道德之注以热情、鼓以勇气者。宗教有精诚信仰、坚贞不二之精神。宗教有博爱慈悲,服务人类之精神。宗教有襟怀旷大,超脱现世之精神。基督教文明实为西洋文明之骨干,其支配西洋人之精神生活,实深刻而周至,但每为浅见者所忽视。……如中国人不能接受基督教的精神而去其糟粕,则决不会有强有力的新儒家思想产生出来。

第三,须领略西洋之艺术以发扬儒家之诗教。诗歌与音乐为艺术之最高者。儒家特重诗教宗教,确具深识卓见。惟凡百艺术皆所以表示本体界之义蕴,皆精神生活洋溢之具体的表现,不过微有等差而已。……过去儒家,因乐经佚亡,乐教中衰,诗教亦式微。对其他艺术,亦殊少注重与发扬,几为道家所独占。故今后新儒家之兴起,与新诗教、新乐教、新艺术之兴起,应该是联合并进而不分离的。[1]

——节选自顾士敏:《中国儒学导论》(修订本),云南大学出版社2007年版,第182-187页。

问题思考

1. 如何理解中国现代化进程的特殊性?
2. 启蒙思想与现代性有着哪些方面的联系?

---

[1] 贺麟.文化与人生[M].北京:商务印书馆,1947:1-5.

第三章 传统文化与现代化的双重选择

人类发展的历史是一个不断应对危机、战胜危机而获得进步的过程。在这一过程中,传统文化与现代化始终处于一种紧张的平衡中。

第一节 东亚模式与新教伦理

东亚地区经济的蓬勃发展,不仅对国际经济造成影响,而且也使人们注意到文化价值和经济发展的关联问题。传统文化一度被认为有碍于现代化,传统与现代一直是一对难以化解的矛盾。现代国家面临着传统文化发展方向与现代化道路的双重选择。

一、东亚经济腾飞与东亚模式

作为地理概念的东方,现在一般指亚洲和非洲中部、北部地区,也往往泛指东半球,它本是个相对的概念。古代中国所谓东方和西方都是以中国为基点确定的。而在西方中世纪时代,地中海曾被看作世界的中心,由这一中心来确定东、西的概念。在古代,埃及、巴比伦、印度和中国四大文明古国,像四座灯塔屹立在北非、西亚、南亚和东亚,他们标志着古代东方文化的辉煌。在众多纷繁的文化或文明中,显然是有文化圈的存在的。即是说"在某一个比较广阔的地区内,某一个国家或民族的文化或者文明,由于内部和外部的原因,影响了周围的一些国家和民族,发挥了比较大的作用,积之既久,就形成了这样的文化圈。……圈内的国家间有着文化交流,圈与圈之间也有文化交流"[1]。东方文化的中国文化圈也叫儒学文化圈、儒教文化圈、汉字文化圈,或形象地称为筷子文化圈。中国、日本、朝鲜、韩国、越南、新加坡等国家都属于这一文化圈。这一文化圈的国家受儒学和中国传统文化影响很深[2]。

  18世纪后期,西欧工业革命引发了西方工业文明的兴起,华夏古典农业文明转入沉沦。20世纪中后期,东亚的巨变使得世界的时针又一次开始新的转向。二战后,日本仅用10年左右时间便治愈了战争创伤,开始全面复兴社会经济。从20世纪70年代到90年代,短短20年时间,日本人均国民生产总值(按国际货币值算)便由只及美国一半跃升到高出美国22%。战败国的日本跃升为世界经济大国、世界最大的债权国,并享有全球最高贸易顺差。70年代初,继日本之后,号称"亚洲四小龙"的韩国、新加坡及中国的香港和台湾地区开始崛起,其经济增长速度、国民经济不断扩大的速度、对外贸易量急剧增加的速度令人吃惊。"四小龙"比肩而进,先后跨过了殖民地时代而跃入新兴工业化国家和地区的行列。"四小龙"之后,属于东南亚国家联盟的泰国、马来西亚、印度尼西亚、菲律宾等也已改变了殖民地面貌,紧追"四小龙",追赶着世界现代化发展的大潮。东亚国家和地区创造了远远超过历史上西方工业化时代经济增长速度的新纪录,也创造了根据各自条件,求得现代经济和社会发展的多元样式。而这一切,仅仅发生在一代人的世代中。这就是举世瞩目的东亚奇迹[3]。

  事实上,东亚地区经济的蓬勃发展,不仅对国际经济均势造成影响,而且也使人们注意到文化价值和经济发展的关联问题。儒学不仅在日本的经济伦理中占有不小的分量,而且所谓"亚洲四小龙"也都是在儒家传统文明的影响之内[4]。于是在对日本和"四小龙"的经济发展成功的原

---

[1] 汪德迈.新汉文化圈(中文版)[M].南昌:江西人民出版社,1993:2.
[2] 刘宗贤,蔡德贵.当代东方儒学[M].北京:人民出版社,2003:6-9.
[3] 刘宗贤,蔡德贵.当代东方儒学[M].北京:人民出版社,2003:275.
[4] 参见杜念中,杨君实.儒家伦理与经济发展[M].台北:台湾允晨文化实业股份有限公司,1988:227.

因分析上,与"制度论派"(即强调社会经济制度的突出作用)分庭抗礼的另一派"文化论派",更为强调制度与政策只有在特定的文化环境中才能发挥有效的作用。这样,经济奇迹的文化解释也就自然形成[1]。

二、新教伦理与资本主义现代化

马克斯·韦伯(1864—1920)是德国著名的社会学家、哲学家、历史学家,是现代文化比较研究的先驱之一。作为当代西方有影响的社会科学家,他一生致力于考察世界各主要宗教的经济伦理观,对当代西方社会学的发展有着深远的影响。《宗教社会学论集》是韦伯著名的文化比较系列专著,集中体现了韦伯的理论贡献。该系列专著主要包括《新教伦理与资本主义精神》《儒教与道教》《印度教与佛教》《古犹太教》等,它们都是韦伯对世界主要民族的精神文化气质与社会经济发展之间的内在关系进行比较研究的重要成果[2]。

《新教伦理与资本主义精神》一书奠定了韦伯对于宗教的经济伦理观的理论基础。他试图证明,除了经济与社会的原因,西方资本主义的发展还有着非常重要的文化与精神的原因,新教伦理对近代资本主义发展起了特别重要的作用。而对于中国、印度等古老民族宗教伦理精神的考察,都是在这样的理论基石上展开的。他在《新教伦理与资本主义精神》一书中提出了这样的问题:"为什么资本主义利益没有在印度、在中国也做出同样的事情呢? 为什么科学的、艺术的、政治的或经济的发展没有在印度、在中国也走上西方现今所特有的这条理性化道路呢?"[3]他的另一本著作《儒教与道教》正是对这个问题的系统展开与回答,集中体现了韦伯的儒教伦理观,他在该书中系统考察了中国传统思想文化主要是儒家学说与社会历史发展之间的关系[4]。

---

[1] 刘宗贤,蔡德贵.当代东方儒学[M].北京:人民出版社,2003:275.
[2] 刘宗贤,蔡德贵.当代东方儒学[M].北京:人民出版社,2003:554.
[3] 马克斯·韦伯.新教伦理与资本主义精神[M].北京:生活·读书·新知三联书店,1987:15.
[4] 刘宗贤,蔡德贵.当代东方儒学[M].北京:人民出版社,2003:554.

无论是在黑格尔的理性主义时代，还是在孔德的实证主义时代，西方人都不曾把现代意义上的儒家文化放在眼里。在他们看来，正像太阳从东方升起而又从西方落下一样，人类的文明大致上也走过了一个自东向西的转移和运动过程。对于"人过中年天过午"的人类来说，包括儒家文化在内的古老的东方文明，只属于那遥远的、神秘的、同时已不再时髦的过去了。这种文化一元论的思想显然与西方国家率先进入资本主义的现代文明有关。到了20世纪初，马克斯·韦伯似乎还为这种带有文化歧视特征的欧洲中心主义找到了令人信服的理论根据。在其影响很大的《新教伦理与资本主义精神》一书中，他根据统计学数据说明，德国资产者的职业兴趣、敬业精神以及与此相关的成功率同基督教新教的文化背景之间有着一种内在的联系。

韦伯认为新教的入世苦行思想特别有利于近代资本主义的发展，尤其是构成新教伦理精神最根本理念的"天职"思想在物质与精神方面同时促成了资本主义的产生[1]。韦伯指出，"一个人对天职负有责任——乃是资产阶级文化的社会伦理中最具代表性的东西，而且在某种意义上说，它是资产阶级文化的根本基础。它是一种对职业活动内容的义务，每个人都应感到、而且确实也感到了这种义务"[2]，这是一种奇特的伦理，"认为个人有增加自己的资本的责任，而增加资本本身就是目的"[3]。值得注意的是，"这种伦理所宣扬的至善——尽可能地多挣钱，是和那种严格避免任凭本能冲动享受生活结合在一起的，因而首先就是完全没有幸福主义的（更不必说享乐主义的）成分掺在其中"[4]。韦伯强调，这种资本主义精神产生和发展的根源正是新教伦理。新教伦理改变了传统主义意义上的宗教观念。这种新教伦理首先是使合理的经济行为得到肯定，追

---

[1] 刘宗贤,蔡德贵.当代东方儒学[M].北京：人民出版社,2003：556.
[2] 马克斯·韦伯.新教伦理与资本主义精神[M].北京：生活·读书·新知三联书店,1987：38.
[3] 马克斯·韦伯.新教伦理与资本主义精神[M].北京：生活·读书·新知三联书店,1987：35.
[4] 马克斯·韦伯.新教伦理与资本主义精神[M].北京：生活·读书·新知三联书店,1987：37.

求财富、金钱的活动本身成为目的,因为"上帝的神意已毫无例外地替每个人安排了一个职业"[1],这既不是一种罪恶,也不是达成其他目的的手段,而是在上帝的旨意下拒斥俗世,并竭力去改造它、理性地支配它;而禁欲主义教义又导致了物质财富的大量积累,"禁欲主义的节俭必然要导致资本的积累。强加在财富消费上的种种限制使资本用于生产性投资成为可能,从而也就自然而然地增加了财富"[2],现代资本主义的产生因此具备了必要的物质条件。新教伦理使得劳动本身成为人生的目的,促成了一种特殊的劳动精神,勤奋努力工作是一种美德和道德义务,是确立受到神宠的证据。这种劳动精神为资本主义生产提供了充满谨慎、勤勉精神力量的劳动力资源。新教伦理还影响到教育,促成了"职业人类"的形成,它主张各种专门化的职业教育,人类通过种种专门化的职业技能而理性地支配、改变世界。总之,当时占主导地位的宗教思想对现代资本主义的产生起着非常重要的作用。正是新教伦理促成了制度性与规范性、物质与精神高度结合的现代资本主义[3]。

韦伯强调西方近代资本主义是在经济基础、社会政治组织及占主导地位的宗教思想这三个独立的历史因素交互影响下产生的。其中,他特别注意到宗教观念对经济发展所起的作用,肯定文化与精神也可以在历史进程中发生重要的作用,注重"某些宗教观念对于一种经济精神的发展所产生的影响,或者说一种经济制度的社会精神气质"[4]。韦伯认为物质与精神并不存在决定与被决定的关系,它们之间是可以相互独立的,理念与理想可以成为社会经济变迁的一种自发的、独立的动力。具体到资本主义问题上,韦伯强调资本主义制度的产生正是由资本主义精神所推动、促成的,除了适当的制度性的支持,资本主义必须具备理性的经济精

---

[1] 马克斯・韦伯.新教伦理与资本主义精神[M].北京:生活・读书・新知三联书店,1987:125.
[2] 马克斯・韦伯.新教伦理与资本主义精神[M].于晓,陈维刚,等译.北京:生活・读书・新知三联书店,1987:135.
[3] 刘宗贤,蔡德贵.当代东方儒学[M].北京:人民出版社,2003:557-558.
[4] 马克斯・韦伯.新教伦理与资本主义精神[M].于晓,陈维刚,等译.北京:生活・读书・新知三联书店,1987:16.

神,"近代资本主义扩张的动力首先并不是用于资本主义活动的资本额的来源问题,更重要的是资本主义精神的发展问题"[1]。韦伯认为,资本主义性质的企业和企业家自古有之,而且遍布世界各地。但是,部落社会、东方社会都缺乏资本主义精神,近代资本主义社会虽然在制度性方面尚不完备,但资本主义精神高度活跃,现代资本主义社会就是这种资本主义精神的规范性与制度性高度结合的产物[2]。

韦伯并不否认,在加尔文主义出现之前,发达的资本主义企业早已存在这一事实。然而他认为,资本主义的创业精神在此之前一直受到教会中流行观念的压抑与排斥,因而得不到充分的发展。因为过去的宗教信仰从未使人相信,财富的积累是神的永恒的恩典。而这种清教徒参与建立现代经济生活所必需的价值观念,则正是加尔文的宗教改革所提供的。如此说来,作为一种文化背景,基督教的新教旨主义与资本主义的生产方式之间有着一种内在的亲和力;而这种亲和性,则正是现代工业文明所得以产生的关键。反过来说,一向以重义轻利而著称的儒家文化,与追逐最高利润为目的的市场经济之间不具备这种亲和性,因而像中国这样的文明古国便自然被排斥在现代社会的大门之外了。

马克斯·韦伯的"现代化"观念对于列文森有着深刻的影响。列文森(1920—1969)作为美国 20 世纪五六十年代"中国研究"领域的重要代表,与其导师费正清同被视作"哈佛学派"的主要代表人物。他以一部《儒教中国及其现代命运》奠定了其令人瞩目的学术地位,成为中国历史研究方面的巨擘,他"在探讨近代化与文化演变问题上,锲而不舍,富有想象,在美国战后数十年研究中国的史学家中堪称首屈一指,在许多读者心目中他的著作也许最有说服力"[3]。列文森的主要著作还有《梁启超与近代中国思想》《革命与世界主义》等。其《儒教中国及其现代命运》被视为一部"现代经典",成为"西方'中国研究'一个时代的象征"(杜

---

[1] 马克斯·韦伯.新教伦理与资本主义精神[M].于晓,陈维刚,等译.北京:生活·读书·新知三联书店,1987:49.
[2] 刘宗贤,蔡德贵.当代东方儒学[M].北京:人民出版社,2003:555-556.
[3] 保尔·柯文.在中国发现历史——中国中心观在美国的兴起[M].北京:中华书局,1989:47.

维明语)[1]。

列文森注意到中国近代早期思想界出现的一些新气象,并由此入手,在第一卷开篇伊始,即提出了这样一个问题:"十七八世纪,先前占统治地位的唯心主义思想家则被大多数中国思想家公开地抛弃了。那些早期的唯物主义思想家的出现究竟意味着什么?难道它表明即使没有西方工业主义的催化作用,这个看上去平稳的、传统的中国社会,凭借自身的力量也将迈入一个具有科学取向的社会吗?"[2]显然,列文森的回答是否定的。他指出,中国近代唯物主义思想有与近代科学相吻合之处,但它们本身既不科学,也非必然导致科学的产生,并不意味着科学理性精神的形成,"我们不应该将这些清初的经验论者视为科学家的先驱,他们的思想并不是中国将要产生科学之内在趋势的征兆","他们对宋明先辈们的批评仍是中国传统世界内部的分歧,它证明的是传统的稳固性,而非传统转化的象征"[3]。列文森认为,当近代科学最终在中国受到重视时,汉学确实起到某些作用,但是,"对于汉学来说,经验论和实际观察与其说是一种积极哲学,还不如说是对神秘主义内省之反动的一种象征。汉学真正强调的是另一种反对内省的古典进路——儒家最基本的实践工夫,即对经典的研究"[4]。显然,同韦伯一样,列文森视野中的中国文化传统也是几乎不可能孕育出科学理性精神等近代价值的,这也就决定了中国历史发展不能够独立实现现代化的转折,而这种文化精神正是由于儒教思想的浸润培养而形成的[5]。

列文森强调中国从来不乏科学,却始终不曾形成一种"不断积累的科学传统"。他非常赞同李约瑟对于中国科技史的评价,"科学主要是与道家和其他非正统思想发生联系。这正如李约瑟所说,科学不具有社会声

---

[1] 刘宗贤,蔡德贵.当代东方儒学[M].北京:人民出版社,2003:565-566.
[2] 列文森.儒教中国及其现代命运[M].郑大华,任菁,译.北京:中国社会科学出版社,2003:3.
[3] 列文森.儒教中国及其现代命运[M].郑大华,任菁,译.北京:中国社会科学出版社,2003:8-9.
[4] 列文森.儒教中国及其现代命运[M].郑大华,任菁,译.北京:中国社会科学出版社,2003:8-9.
[5] 刘宗贤,蔡德贵.当代东方儒学[M].北京:人民出版社,2003:566-567.

望,传统的中国学者从来没有想到靠发明和创造来获得荣誉",所以,他认为就中国的文化而言,对于科学要讨论的不是"能不能",而是"愿意不愿意"的问题,"近代以前,中国曾有过重要的科学成就,近来的研究已开始向我们显示出它的影响是多么的深远。但是在整体上,儒家文人始终对此不感兴趣","如果近代中国被迫在他的文化遗产中寻找其科学的存在,那么,这不是因为他们的祖先生来就不能发展科学传统,而是他们根本就不愿意这样做"[1]。列文森认为,即使是明末清初的那些经验主义者,"他们反对唯心主义的内省法,主张认真研究农业、水利、军事战略和武器装备等实用性和技术型问题。他们还要求对历史和经典从事应用性的研究。但一旦满洲的征服稳定了下来,这个具有自己的文化理想的官僚社会显示出其延续的能力时,上述那些动乱时代的课题,便在正规的教育中只剩下文学研究这一项了"[2]。

这就又触及到了儒学的那个重要命题:君子不器。列文森通过对明代文化主要是文人画的具体剖析,说明中国的学问中"反专业化的文人传统"。他指出,"作为统治阶级的知识分子,他们本能地希望社会稳定。因此,就其意愿而言,他们反对变化的观念和创新的要求"[3]。这种与"科学、进步、商业、功利主义"现代西方文化主题相悖的"君子不器"的文人理想,正是由儒家文化的内在特质决定的。

然而,随着时代的发展、社会的前进,西方古代的宗教文化所赖以存在的基础却渐渐发生了动摇。说到底,作为宗教文化之核心范畴的神学体系是可以通过科学实践来加以证伪的:当哥白尼的日心说提供了不是太阳围着地球转,而是地球围着太阳转这一事实后,基督教关于神为人而创造世界的理论便在人们心目中发生了动摇;当达尔文的进化论得出了人这种了不起的生灵竟是由猿猴演变而来的这一结论后,神学中关于上

---

[1] 列文森.儒教中国及其现代命运[M].郑大华,任菁,译.北京:中国社会科学出版社,2003:11-12.
[2] 刘宗贤.蔡德贵.当代东方儒学[M].北京:人民出版社,2003:567-568.
[3] 列文森.儒教中国及其现代命运[M].郑大华,任菁,译.北京:中国社会科学出版社,2003:13.

帝造人的理论便陷入了十分尴尬的境地。直到尼采说出了那句虽然惊世骇俗但却不难理解的话之后,上帝这个活灵活现的形象在越来越多的西方人的心目中确确实实地死了。上帝死了,而我们却活着,我们被上帝抛弃了;上帝死了,它把我们所一向遵循的行为准则和价值尺度也一同带进了坟墓,因为这一切的一切,原本是上帝赐予我们的;上帝死了,而太阳还在发光、地球还在运转,那么宇宙的目的何在呢?难道这一切的一切不都是按照上帝的意志创造出来的吗?这该是西方人的真实心理,是基督教文化解体后所不可避免的精神危机。指出这一危机绝非为了耸人听闻,也不仅仅具有理论上的意义。根据前一阶层的统计,就在欧洲最舒适的福利国家之一、具有 500 万人口的丹麦,每年竟有约 1 600 人死于自杀。分析家们认为,由于丹麦已成为不受任何宗教禁忌约束的国家,因此丹麦人认为他们有权自我毁灭。正如存在主义哲学家加缪所指出的那样:"一个能用理性的方法解释的世界,不论有多少毛病,总归是个亲切的世界。可是一旦宇宙的光明和幻觉都消失了,人便觉得自己是一个陌生人,他成了一个无法召回的流浪者,因为他被剥夺了对于失去的家乡的记忆,而同时也缺乏对未来世界的希望;这种人与他自己的生活的分离、演员与舞台的分离,真正构成了荒诞感。"[1]用什么力量来抗拒这场危机呢?用理性吗?理性固然是批判宗教的有力武器,但它却不能解决信仰问题。用科学吗?科学固然可以减轻肉体的痛苦,但它却无法减轻精神的痛苦。在这种情况下,理性和科学高度发展,因而物质生活也高度发达的西方人便不期然而然地将目光转向了东方,并企图在儒家文化的土壤中寻找其意识形态的再生资源。

我们知道,在世界的几大文化圈中,唯中国人可以不依靠任何宗教而泰然自若地处理日常事务,唯中国人可以不依赖任何神祇而视死如归地面对现实人生。中国人一向以群体和血缘为本位,因而不需要任何上帝之类的绝对中介来实现人与人之间的联系与沟通,所谓"我死了之后有儿

---

[1] 加缪.现代西方论选[M].上海:上海文艺出版社,1983:357.

子,儿子死后有孙子,子子孙孙无穷尽也——",从而有限的个体可以在无限的种族延续之中求得不朽。所以中国人注重历史,注重现实,注重文化的积累和传承。这种入世态度和济世情怀显然是以儒家思想为背景、为依托的。而与其他一切宗教神学体系相比较,儒家学说的最大特点,就在于它所源出的亲伦血缘关系是无法用科学技术来加以证伪的。于是,牟宗三等新儒学的代表人物便将其视为一种常道性格加以宣扬,认为它具有一种超越时间与空间的普遍意义。这种放之四海而皆准的普遍真理显然对当代的西方人具有很大的诱惑力,这就难怪经历了彻底的个性自由和个体分化,以至于连夫妻、父子之间的家庭财产关系都已经法律化、契约化了的西方人要对温情脉脉的东方文化表露出留恋乃至羡慕的心绪了[1]。

第二节 传统与现代的紧张与平衡

如何使传统文化与现代化协调发展是现代化进程中亟待解决的难题。传统文化稳定、恒久而又深刻地影响着人们的价值判断、价值选择和价值取向。一个民族的传统文化所揭示和反映的,正是一个民族最深沉的精神世界和价值追求。传统文化与现代化的协调发展有利于新秩序的建立,有助于为未来社会的发展提供动力。

一、传统文化的认同危机

自人类文明产生以来,伴随着社会形态的更替与朝代的更迭,价值认同的呼声从来就没有停止过。在价值多元化、多样化,在各种价值冲突不绝于耳的当代,价值能否认同的争论更是日趋激烈。在现代化过程中,人们面对迅速变化的社会,面对扑朔迷离的未来,认同危机更加严峻。

---

[1] 参见刘宗贤,蔡德贵.当代东方儒学[M].北京:人民出版社,2003:554-555.

应当承认,亚洲传统文化在现代化过程中所起的作用是复杂的,既不能简单地肯定,也不能简单地否定。传统文化本身有精华和糟粕两部分,因而使其在现代化过程中所起的作用具有两重性。以日本近代化为例,可以对此形成清醒的认识。日本在19世纪明治维新以前,在古代漫长的岁月中,一直把以儒学为主体的中国传统文化作为道德标准、价值尺度和行为趋向等而加以吸收。但在明治维新时,这种传统受到维新思想家福泽谕吉的猛烈攻击,他举起了"脱亚入欧"[1]论的旗帜,对中国传统文化进行了否定。福泽谕吉指责儒学制造精神奴隶。一时间,一大批日本著名思想家群起响应,都来否定儒家的传统。可是,就在这些激进的思想家对儒学传统大加挞伐之时,早年曾参加过"尊王攘夷"运动的涩泽荣一爵士,却静悄悄地将儒家伦理运用到企业管理之中,用《论语》加算盘的道德经济合一论模式,使企业取得了巨大的成功,从而使自己成为名副其实的日本近代工业之父。时至今日,由于日本的经济开发的投资重点已转向亚洲,所以,明治维新开始的"脱亚入欧"论又受到"脱欧(美)入亚"论的挑战。这样看来,就日本而论,儒学在近代化过程中所起的作用确实是复杂的,不能一概而论[2]。

在新加坡的现代化过程中,儒学所起的作用同样是复杂的。新加坡自20世纪70年代以来所推行的政策,是以多元文化的共存这一思想为基础的。新加坡立国的原则是中、西文化与现代化的结合,提倡多元道德,在中学开展的宗教伦理运动,包括基督教、伊斯兰教、佛教和儒教等伦理,因为新加坡人相信:宗教也许是栽培忠实和正直国民的最佳和最可靠的途径。在这种伦理运动中,儒教伦理的推行只是其中的一种,而不是全部。新加坡一直重视亚洲人自己的价值观,这是事实,但新加坡同时也强调吸收西方和其他民族的优秀文化。新加坡的国家意识是保持多元种族、多元宗教间的容忍和节制,以协商而不是争议的方式解决问题,把社会需要置于个人利益之上,将家庭作为社会的核心单位。作为一种服从

---

[1] 参见严绍璗.20世纪日本人的中国观[J].岱宗学刊,1999(2).
[2] 刘宗贤,蔡德贵.当代东方儒学[M].北京:人民出版社,2003:276-277.

权威的思想,教条式地推行儒教必然导致新加坡缺乏民主,"起源于 2 500 年前的儒家思想,是中国的农业社会的产物,是为中国的农业社会服务的。如果把整套思想原封不动地照搬到今天资讯发达的工业社会,是绝对行不通的"(《国际儒学联合会材料.李光耀先生致词》,北京,1994,转引自新加坡同安会馆第四届学术研讨会钟志邦论文《新加坡华人的传统文化与现代社会:冲突与整合》)。儒学的价值在于实现社会安定,儒学提倡的孝道和容忍,是现代社会仍然需要的。"不管科技发展到什么阶段,如果孩子不再尊敬长辈,漠视家庭的神圣性,那整个社会将岌岌可危,面临瓦解"(《联合早报》,1995.10.7)。所以新加坡对儒学的态度是对儒学加以现代化改造,使之为现代社会服务,而不是去复兴儒学。儒学要随着时代的需要进行调整和更新[1]。

  我国是儒学发源地。从公元前 5 世纪到 21 世纪,儒学绵延两千多年,虽然其间几经变迁,但基本的核心观念却没有发生很大的变化,它们早已渗透在中国人的血液之中,凝聚成中国人的民族性格和民族精神。自"五四"以来,中国的现代化进程颇为曲折,儒学一度遭到破坏与消解。随着改革开放的深入,西方意识形态、文化价值观念对我国传统文化产生了负面影响。中华民族经过长期历史实践所形成的独特的文化品格和精神追求,在全球化过程中一度遭到排挤和消解。强调秩序和整体观念的"仁"与"礼"一度遭到批判,西方价值观念中的个人主义、民主、自由观念被奉若神明,大肆吹捧。今天,人们已经重新认识到儒学对于安定团结、对于现代化建设具有的重要意义。历史实践已经证明,新文化的创造不应该也不可能是对传统文化的全面否定与摧毁,而应是批判地吸取前人和外来的思想成果,在继承的基础上有所创新。对于儒学的现代转换,我们必须突破固有的思维定势,既不能持"全盘西化"观,也不能持"儒家文化中心"论。儒学需要与时俱进,需要随着时代的发展而不断创新。新加坡等国的成功做法已经为我们提供了有益的启迪。

---

[1] 刘宗贤,蔡德贵.当代东方儒学[M].北京:人民出版社,2003:277.

二、韩国、新加坡的价值认同

随着欧洲科学文化的日渐昌明,欧洲科学文化渐渐压倒中国文化,儒学已不能影响欧洲思想界,而欧洲的科学反而影响了中国思想界[1]。儒学被视为与现代化格格不入的一种前现代文化。面对西方文明的猛烈冲击,传统儒学受到了前所未有的挑战,儒学被视作阻碍社会现代化发展的主要思想根源。这种情形包括中国、韩国、日本等国在内的整个儒家文化圈。面对西方文化价值的"标准范式",新儒学针对现代社会作出了回应。

儒家思想的产生是以封建经济为基础的。进入现代社会以后,儒家思想赖以产生的经济基础已不复存在。那么,面对变化了的历史条件和社会现实,儒家思想如何为现实社会、未来社会服务是当代儒学发展所面临的首要问题。韩国、新加坡等国在进行现代化建设的过程中,在面临传统与现代的矛盾与冲突中,一方面继承、发掘传统文化在现代社会的积极内涵;另一方面,开放吸收现代文明的成果,使儒学跳出传统文化的囿苑,彰显出现代价值。我们看到,儒学在新的历史转型时期、在新的制度框架内,在东亚诸国发挥着独特的适应力、内聚力与活力。

20世纪90年代以后,新加坡政府根据其国内各种族传统文化的基本精神,并吸收了某些现代西方文化的内容制定了《共同价值观》作为社会核心价值。新加坡是一个移民国家,自20世纪70年代末至80年代,由于受"工具价值观"的导向,其注重国家的经济建设,忽视了思想文化的建设,民众普遍受到西方文化的影响,西化的倾向十分明显。在社会处于急剧变迁的时期,面对西方价值观的冲击,新加坡政府认为有必要提出一种新的价值观以引导民众。新加坡政府不是以西方价值为中心,而是以《共同价值观》确立各种族传统文化的核心价值,创造出令世人称赞的成功经验。

李光耀说:"我们感到幸运的是,我们有这样一个文化背景,人民相信

---

[1] 朱谦之.中国哲学对于欧洲的影响[M].福州:福建人民出版社,1985:187.

做人要节俭、勤劳、孝敬父母、忠于家族,尤其是要尊重学问。中国的传统观念是修身齐家治国平天下,修身齐家是基础,我们全民都对此深信不疑……政权会随时代而更易,这种基本概念却不变。"[1]他所说的"基本概念"即社会的核心价值。之后,李光耀明确提出了"亚洲价值"。"亚洲价值"的提出,旨在有别于"西方价值"。李光耀认为,西方价值观的民主、人权和个人主义并不完全适合于亚洲。在当今180多个国家中,推行英美式以个人自由、民主、人权的只有欧美、日本、澳大利亚、新西兰等国家和地区。其余大多数国家和地区面临的基本问题是生存和发展。对于这些国家和地区的百姓而言,如何获取生存权、劳动权,比言论自由权、政治参与权更重要。只要解决了生存和发展问题,自由、民主迟早会来到。他说:"我认为,国家的发展更需要纪律,而不是民主。"[2]

对于西方的民主自由和人权,新加坡更加相信自己的理解。1992年李光耀在访问菲律宾时谈到他与美国政治评论员在民主观上的分歧时说:"我不相信民主对于发展来说是必需的。我相信一个国家要发展,它就需要纪律甚至需要民主。民主的泛滥导致了纪律涣散和秩序混乱。"[3]李光耀还说:"我的任务就是告诉他人,如果他们的制度在其他社会行不通,就不要不分青红皂白地强行推销。身为东亚人,当我观察美国时,看到了它的美与丑。……东方国家的目标是建立秩序井然的社会,以使人人享有最大的自由。这种自由只存在于纪律严明的社会中,而不存在于任意争斗的无政府状态当中。"[4]新加坡政府认为,东方传统伦理观念中特别是儒家传统文化中许多有价值的东西仍适用于今天。新加坡学校的道德教育特别强调提倡和推广东方道德价值观。儒学中的仁、孝、家庭和谐、礼、责任感、忠、信、诚、勇、毅力、义、协作精神等,都被编入了学校的德育教材,系统地向学生传授。

---

[1] 李光耀.国际儒学联合会名誉理事长、新加坡内阁资政李光耀先生致词[J].孔子研究,1995(1).
[2] 俞新天.东亚现代化:新模式与新经验[M].北京:北京大学出版社,1997:75.
[3] 转引庄礼伟.亚洲的高度[M].广州:广东旅游出版社,1999:475.
[4] [美]约翰·奈斯比特.亚洲大趋势[M].蔚文,译.北京:外文出版社,1996:53.

新加坡是一个以华人为主的多种族和多文化的国家,儒家文化在新加坡产生了深刻影响。新加坡前总理李光耀在总结新加坡现代化取得成功的经验时说:"促使新加坡成功的其中一股推动力是:大多数的人民,把社会利益和重要性放在个人利益之上,这也是儒家思想的基本概念。社会比个人更重要,家庭是最重要的单位,把所有的家庭组合起来,就形成一个社会。"[1]新加坡政府认为,儒学的许多伦理观念仍适用于今天的社会。

新加坡政府结合具体国情,赋予传统儒学"忠""孝""仁""爱""礼""义""廉""耻"八德以新的内涵。所谓"忠"不仅包括爱国,还包括敬业乐业,就是把国民培养成为具有强烈凝聚力的新一代新加坡人;"孝"即孝敬父母、尊才敬贤;"仁"与"爱"不仅包括爱人,还包括爱己、自尊、爱物;"礼"和"义"不仅包括尊敬别人、尊敬师长、讲究礼貌和礼节,还包括守法;"廉"即为官的德行,指官员的基本道德规范,要求新加坡的官员树立为国、为众人服务的思想,要有为国为民牺牲奉献的精神;"耻"即羞耻之心,号召国民堂堂正正做人,为社会进步、富国强民作贡献。新"八德"突出强调了国家利益和社会利益,激发了民族自豪感,增强了民族凝聚力。新加坡根据多种族、多宗教的国情,结合现代化进程的特点,对传统儒学进行了合理的改造和发展,对形成国家认同、促进种族和谐、维护国家的稳定和发展起到了积极的作用。新儒学极大地鼓舞了各民族人民为新加坡的文明进步而团结奋斗。新加坡不仅经济增长迅速,而且在精神文明建设方面成效斐然,社会和谐状态令人瞩目。

韩国政府在国民精神教育中也时时刻刻以民族文化为载体,并使传统文化与现代化紧密结合。韩国政府清醒地认识到,若没有深厚的民族文化根基,任何移植的文化模式都将成为无根之木、无源之水。韩国在倡导社会核心价值体系,进行国民精神教育时,是以传统文化特别是儒学作为载体的。在面对工业化进程中社会价值观的急速转变和对政府的传统

---

[1] 李光耀.国际儒学联合会名誉理事长、新加坡内阁资政李光耀先生致词[J].孔子研究,1995(1).

权威的挑战之际,韩国政府认为有必要利用传统的价值观念进行应战。韩国的儒学在内容上已具有了本民族的特色。在韩国,传统的儒学经过新的诠释,剔除了传统儒学中带有强烈封建色彩的政治学说,并被赋予现代意义。儒家伦理的"忠、孝、礼"在韩国的价值观教育中依然备受推崇。"忠"意即效忠大韩民国,"孝"意即父母子女间的亲情之爱,国家被看成是一个大家族;忠孝一致被作为一种行为模式。"礼"意即人际交往之规范礼节,被视为安国立命的伦理纲常。自 20 世纪 80 年代以来,韩国就把加强"国民精神教育"设定为"国政"。国民精神教育注重进行正确处理家庭、社会、国家三位一体关系的教育,树立"国家兴旺是我发展根本"的大局观念。在处世问题上,强调尊重他人和与人合作,使所有的公民都从中强烈地感受到爱国主义的感召和民族精神感染,有力地支持了在全社会形成民族认同感,增强了民族凝聚力。

在李朝时代,韩国把儒学定为国教,形成了正统的儒教化体制。儒学传统的人文精神已经深深植根于韩国文化之中,一直延续至今,影响着韩国人生活的方方面面。"在韩国,人们十分热切地、一丝不苟地接受儒教……根深蒂固的儒教行为举止和社会关系模式仍然是在韩国人想事和行事中起重大作用的因素"[1]。在韩国的成均馆内,至今仍然供奉着孔圣十哲和中、韩两国的历代儒家著名圣贤。成均馆是以儒学为办学理念的大学,其办学宗旨即向青年教授传统价值观和礼节,并使儒学与现代工业社会比较紧密地联系在一起[2]。儒学教导影响了韩国人,使韩国成为讲究道德、具有良好风尚的国度。在现代化进程中,为使韩国传统文化得以传承和发展,韩国一方面坚持弘扬传统文化,另一方面又非常重视中西文化的沟通。传统儒学在韩国获得了新的时代内容。

传统儒学的"仁"与"礼"在当今韩国社会仍然起着调节社会人际和家庭亲族之间关系的积极作用。正如《韩国民俗大观》所云:"在当今现代化、西洋化风潮中……韩国人所具备的纯韩国人式的性格、思考方式、行

---

[1] 韩国海外公报馆.韩国手册(中文本)[M].首尔:韩国海外公报馆,1992:142.
[2] 韩国海外公报馆.韩国手册(中文本)[M].首尔:韩国海外公报馆,1992:144.

为规范仍以此为准绳,儒教至今仍深深扎根于我们社会的基层。由于儒教仍然在起作用,所以我们需要对此进行大量的整理与批判。"[1]在儒学"忠""孝""仁""爱""礼""义""廉""耻"八个德目中,韩国特别注重其中的"忠""孝""礼"三德,并赋予其时代内容,将其发展为"爱""和""礼"。由传统社会伦理中的"忠"引申而来,"爱"要求热爱祖国,关心他人等;"和"是传统社会伦理中"孝"内涵的扩展,孝敬父母、家庭和睦,社会才能和谐;"礼"则强调注重礼节。20世纪六七十年代,韩国总统朴正熙正是运用这一思想来推动韩国经济的发展。儒学在本质上是一种伦理与价值体系,注重"仁"与"礼"的价值观念大大缓解了在市场经济条件下由于竞争的白热化而可能对社会造成的震荡与冲击,构筑了社会稳定、有序的基础,增强了国家政府的凝聚力,推动了经济的迅速发展。作为一个历史上曾经贫穷与落后的国家,韩国只用了30余年的时间,就实现了经济高速发展,成为二战后迅速崛起的新兴工业国家之一,创造出举世瞩目的"江汉奇迹"。

在韩国、新加坡,国人信奉儒学,政府亦将其视为社会思想的主旨,并注重利用儒学来提高国民素质,增强国家与民族的凝聚力。韩国釜山大学教授金日坤认为:"儒教国家经济发展的成功,是由于儒教伦理具有与其经济发展的适应性。"[2]新加坡前总统李光耀曾谈道:"在1959年—1969年这段最艰苦的日子里,若不是大多数人接受了儒家学说,新加坡决不会有今天的成就。"[3]他们都肯定了儒学中注重社会有序与和谐的思想对社会文化的价值导向功能,并将其视为"儒学文化圈"和"亚洲价值观"的重要组成部分。

韩国、新加坡政府在大量引进西方科学技术的同时,积极吸收传统儒学中的合理因素,并结合当今时代发展的新特点,不断充实新的内容。新儒学有效地促进了社会进步与经济发展。

---

[1] 转引张敏.儒学在朝鲜的传播与发展[J].孔子研究,1991(3).
[2] 宋丙洛.韩国经济的崛起[M].北京:商务印书馆,1994:59.
[3] 李光耀.国际儒学联合会名誉理事长、新加坡内阁资政李光耀先生致词[J].孔子研究,1995(1).

第三节 儒家文化与中国现代化

传统文化离不开它所依赖的特殊的时代背景。一方面,传统文化体现了社会主体对社会历史未来发展的追求与构想;另一方面,当它成为社会主体的共识与信仰时,又反过来制约和引导着社会主体的社会历史实践。当前,我国正处于社会转型时期,如何正确地对待传统文化,为社会走向平稳发展创造条件是一个亟待解决的问题。从某种意义上说,如何对待传统文化规定和制约着社会历史发展的方向和趋势。儒学现代化转化既是时代本身的产物,又是理论发展的必然。

一、儒家文化圈的亚洲价值观

作为地理概念的东方,现在一般指亚洲和非洲中部、北部地区,也往往泛指东半球,它本是个相对的概念。然而东方既然是相对西方而言,处于东方和西方的国家及民族在历史上由于全球地理知识的缺乏和主观眼界的局限,对东方和西方就会有不同的理解。中国古代,称印度为西方佛国,佛教徒视印度为西方极乐世界。明代郑和下西洋,其西洋,包括印度、阿拉伯国家及非洲东部在内的国家和地区。再早一些,汉代张骞通西域,把位于中亚和南亚次大陆很多地方称为"西域"。元明以后的一些地理著作常把南海东部地区(现指东南亚各国),及附近岛屿称为"东洋",清代以后又把我们东邻日本称为"东洋"。古代中国所谓东方和西方都是以中国为基点确定的。而在西方中世纪时代,地中海曾被看作世界的中心,由这一中心来确定东、西的概念。在古代,埃及、巴比伦、印度和中国四大文明古国,像四座灯塔屹立在北非、西亚、南亚和东亚,他们标志着古代东方文化的辉煌。现在学术界普遍认为,在众多纷繁的文化或文明中,显然是有文化圈的存在的。即是说"在某一个比较广阔的地区内,某一个国家或民族的文化或者文明,由于内部和外部的原因,影响了周围的一些国家和民族,发挥了比较大的作用,积之既久,就形成了这样的文化圈……圈内的国家间有着文化交流,圈与圈之间也有文化交流"。古希腊罗马文化,从希伯来起到伊斯兰时期的闪族文化、印度文化、中国文化,都形成了这样的文化圈。而这四大文化圈,又分为西方文化和东方文化两大文化体系。西方文化体系指从古代希腊、罗马直到今天的欧美文化,东方文化体系则大致包括中国文化圈、印度文化圈和阿拉伯伊斯兰文化圈。后三大文化圈,对应着古代东方的四大文明古国,只是其中古埃及文化和古巴比伦文化已经消亡,被其后继者阿拉伯伊斯兰文化取代,而中国文化和印度文化则流传到现在。东方文化的中国文化圈也叫儒学文化圈、儒教文化圈、汉字文化圈,或形象地称为筷子文化圈。中国、日本、朝鲜、韩国、越南、新加坡等国家都属于这一文化圈。这一文化圈的国家受儒学和中国传统文化很深的影响。

自18世纪后期西欧工业革命引发的西方工业文明的兴起,使得位于欧亚大陆最东端的华夏古典农业文明转入沉沦后,至20世纪中后期,东亚的巨变使得世界的时针又一次开始新的转向。正像世界银行关于东亚奇迹的报告中所说:"自从20世纪60年代,东亚经济的高增长速度是亚洲其他国家的两倍还要多,是拉美国家的三倍左右,是非洲撒哈拉地区的五倍。其经济的增长速度也明显超过了世界平均水平和盛产石油的中东和北非地区。在1960年到1985年间,日本和'亚洲四小龙'的人均实际收入上升了四倍多,在东南亚的新兴工业化国家也上升了两倍多。"单纯的各色各样的经济理论都难以做出满意的解释,于是人们开始从社会文化发展的角度提出了东亚模式的问题。所谓东亚模式,通常的说法,指东亚地区国家走过的与西方国家不同的发展道路,创造了具有亚洲特色的现代化模式。

许多经济学家认为,文化不可能单独地或直接地对经济发生作用,只能通过一定的体制和结构作用于经济,因而对于经济增长来说文化只是外在的因素。而任何国家的经济增长都是内外因素的结合,是多种因素综合作用的结果,东亚也是一样。东亚"四小龙"的经济高速度增长,是环境、体制、战略与政策这三个方面有机结合的结果,只不过他们在有些方面比其他国家做得好,并形成一些共同的特色。例如,1993年时任世界银行行长的刘易斯·汤普森·普雷斯顿在该行出版的一本题为《东亚的秘密——经济增长与公共政策》研究报告前言中就指出:东亚高速增长的秘密在于"物质和人才资本的高积累;同时,也在于它们能够较好地配置物质与人才资源"。而在这方面东亚得力之处在于:① 实行新市场的经济政策。② 有效的宏观经济管理和广泛的教育制度。其管理建立在市场体制基础上,政府保有调控经济的能力。③ 还有其他非经济因素,如文化、政治、历史因素的作用。但是,东亚"四小龙"之间及东亚其他国家之间,在历史、文化、资源、环境及原有发展水平等方面都存在各种差异,因而在同具上述优势和条件的基础上,他们在外向型战略实施的深度上、在资金筹集手段上、在产业结构政策上、在产业组织上、在政府对经济的干预程度上,都有明显的差别。经济界权威人士认为,东亚各国和地区的发展是多样化的,从严格意义上,不存在单一的东亚模式。

然而,东亚国家地区的发展在多元化的前提下,确实有一些共同性的特点,这主要就是上文所说的,表现为外向型经济战略和政府不同程度调控下市场经济的结合。据此特点,有的学者指出,东亚国家其干预力量很强,但市场经济也很发达,这两者之间如何协调,共同促进经济发展,与经典的西方经济学很不同。又如东亚对于经济增长和社会公平的兼顾,也不仅对发展中国家,而且对发达国家不无借鉴意义。因而他们指出,东亚成为非西方式现代化的榜样,其经验令人深思。实际上,这些经验不仅是在经济结构和经济发展战略方面,也涉及文化与社会价值观,即文化作为经济发展的动因问题。

20世纪后期,新加坡、韩国、日本、中国台湾、中国香港相继获得了经济的迅速增长,创造了斐然不凡的成绩,被称为"东亚模式"。人们意识到,亚洲今天发生的种种革命性变革背后,有一个传承数千年的历史背景。过去,东方传统文化一度被认为有碍于现代化,传统与现代是一对难以化解的矛盾。今天,亚洲各国人民正在经历一种心理上的转变,人们开始重新发现自己文化遗产的价值。文化是经过长期积淀而形成的,为社会大众广为接受,并已进入大众无意识层面,潜移默化地深刻影响着人们的价值取向。传统文化的影响潜在而深刻。

对于世界上若干非西方文明的发展与崛起,以及相应的国际关系中意识形态变化的趋势,西方一些有远见的学者早已予以关注。例如:美国著名政治学家格雷厄姆·富勒在他撰写的《下一个意识形态》文章中指出:"当今民族文化正受到世界文化普遍均质化的威胁。第三世界面临着强大的文化压力。因权力、财富、影响力的不公平分配以及大国对小国的不尊重所引起的世界性冲突,其实要比基督教、儒教和伊斯兰教之间的教义冲突严重得多,冲突是现实造成的,文化只是冲突的载体。"[1]因此,"下一个意识形态"对抗实质上反映的是发展中国家与西方的利益冲突。在这样的文化背景下,尊重、尊严这类词语将构成下个世纪政治言论重点的一些基本词汇。第三世界的人民和领导人已认识到,按照西方的观念,他们也应受到西方的平等对待和尊重[2]。

对于西方的民主自由和人权,新加坡更加相信自己的理解。1992年李光耀在访问菲律宾时谈到他与美国政治评论员在民主观上的分歧时说:"我不相信民主对于发展来说是必需的。我相信一个国家要发展,它就需要纪律甚至需要民主。民主的泛滥导致了纪律涣散和秩序混乱。"[3]李光耀还说:"我的任务就是告诉他人,如果他们的制度在其他社会行不通,就不要不分青红皂白地强行推销。身为东亚人,当我观察美国时,看到了它的美与丑。——东方国家的目标是建立秩序井然的社会,以使人人享有最大的自由。这种自由只存在于纪律严明的社会中,而不存在于任意争斗的无政府状态当中。"[4]而对国际论争,持更激烈态度的马来西亚马哈蒂尔,对西方批评亚洲价值观的言论更有自己的回应。如马哈蒂尔在《迈向亚洲的复兴》著名演讲词中说:"亚洲很多人相信,我们的

---

[1] 参见庄礼伟.亚洲的高度[M].广州:广东旅游出版社,1999:452.
[2] 参见庄礼伟.亚洲的高度[M].广州:广东旅游出版社,1999:452.
[3] 转引庄礼伟.亚洲的高度[M].广州:广东旅游出版社,1999:475.
[4] [美]约翰·奈斯比特.亚洲大趋势[M].蔚文,译.北京:外文出版社,1996:53.

确有本身的价值观和做事的方式,这些都是为了争取一个更好的字眼:'亚洲'。对于那些认为本身价值观和做事方式放诸四海而皆准的人,这是一个异端。但亚洲价值观难道就不能成为通用价值的基础吗?"[1]他还说:"我只是认为,我们可以要求担任一个平等的角色。我们要求共同决定权——但西方至今还不承认这一点。"[2]

曾以文明冲突论引起争论的美国哈佛大学亨廷顿教授指出,西方物质文明风靡全球的现象掩盖了的文明间冲突的实质。他在《西方(文明):独特的,但不是普世性的》一文中提到,近年来西方有不少人自认为西方文化应该就是世界文化,并不遗余力地推销这一观念。他指出,有一种看法,认为现代化就是其他文明之下的民族在追随西方模式时,放弃自己传统的价值观、制度和风俗习惯,实行全盘西化。亨廷顿认为,以西方化世界具有均质性、普世性的观念是错误的、傲慢的和危险的[3]。《亚洲大趋势》一书的作者约翰·奈斯比特更直接地提出:"全面承认并且接受东方的时代已经到来了。这种接受就和当初接受地球是圆的这一事实一样意义深远。东方不仅仅是日本和中国。东南亚国家联盟(ASEAN),包括泰国、马来西亚、新加坡、印度尼西亚。这些都是重建世界秩序的强大力量和重要参与者。"[4]他还说:"整个世界舞台上正上演着一出大融合的戏剧。全球各个角落都被信息高速公路紧密地联系在一起。""亚洲的现代化不能被看作它的西方化过程,而应是它自己的亚洲方式的现代化。"[5]从这些议论中我们不难看出东亚发展模式以及亚洲价值观提出的重要意义。

亚洲价值观本是发展中国家的发展路向问题,为什么会成为西方与东亚发展中国家意识形态论战的重要话题呢?这就关系到冷战后国际意

---

[1]《南洋商报》1996-1-26.
[2] 马来西亚总理谈亚洲的价值观念和西方的衰弱.[德国]明镜(周刊).1995-8-21.
[3] Samuel P. Huntington, The West: Unique, Not Universal[J]. Foreign Affairs, 1996, 75(6): 28.
[4][美]约翰·奈斯比特.亚洲大趋势[M].蔚文,译,北京:外文出版社,1996:246.
[5][美]约翰·奈斯比特.亚洲大趋势[M].蔚文,译,北京:外文出版社,1996:264.

识形态格局的变化。自冷战时期结束,伴随着苏联东欧集团的解体,美国在西方集团中的领导地位也在走向衰落。而东亚发展中国家的崛起,亚洲的复兴,即东亚国家和地区的经济快速增长、产业结构改善、人民生活水平提高、综合国力的增强等,都使得非西方国家、地区的重要性持续上升。不仅世界经济形成了美、欧、东亚三极而立的格局,而且亚洲发展中国家对自身传统的自觉,对选择自己发展道路的自主,以及在国际关系中要求平等地位意识的增长也已形成一种趋势[1]。

但是,毕竟时代在前进,无论是东亚模式,还是亚洲价值观,都不可能是一成不变的,它们会随着全球经济和人类文明的发展与时俱进。今天,由于互联网的发展,低廉的运输费,无边境的自由贸易等,全球化的实现已经成为不以人的意志为转移的大趋势,而且重视本土文化与吸取外来文化已同时作为越来越突出的问题摆在人们面前。在这样的形势下,我们必须走出原来的思维框架,必须重新认识、重新把握人类不同文化之间的文化认同问题,即需要回答:在不同地区彼此互异的文化圈里,面对文化的多样性,人们如何才能在自己文化的认同和其他民族文化之间取得协调、平衡和发展[2]。

二、儒学现代化转化

传统文化随着现代化进程而不断演变发展。从根本上说,人们对待传统文化的态度必须符合现代社会发展的需要。历史发展规律表明:在尊重传统文化的基础上吸收现代文明是促进现代化进程的必要条件,而对传统文化全盘否定与抛弃只能导致现代化进程的曲折和延缓。

在西方,自启蒙运动以来,自由平等、民主人权作为资产阶级的革命目标与社会理想,在资产阶级革命时期,是资产阶级向封建神权宣战的武器,是人们推翻封建奴役、建立新制度的强大精神动力。在启蒙思想家的

---

[1] 刘宗贤,蔡德贵.当代东方儒学[M].北京:人民出版社,2003:276.
[2] 参见[韩]宋荣培.略论在全球化时代里文化认同的危机与儒家伦理观的意义[J].孔子研究,2001(2).

竭力倡导下,自由平等、民主人权在人们的思想观念中已根深蒂固,人们的精神状态获得了极大的解放和自由,发挥出了极大的主观独创能力,从而推动了整个社会充满活力地前进,实现了现代化的社会秩序。"自由和平等对人们的想象具有不可抗拒的魅力"[1]。正是出于对自由平等、民主人权的价值追求,美国人民积极地投身于美国独立运动中,法国人民用自己的行动把革命不断地推向深入。自由平等、民主人权成为资产阶级革命的内在驱动力,为破坏封建旧制度、建立资本主义新秩序奠定了基础。

中国古代社会发展历史也足以说明,文化的选择对社会历史发展至关重要。春秋时代,正值中国奴隶制趋于解体、封建制兴起的时期,新旧势力的斗争异常尖锐。在急剧的社会动荡中,思想界百家争鸣,大倡己说,各是其所是,非其所非,没有统一的价值观念,正所谓"礼崩乐坏",社会秩序十分混乱。正是在那样特定的历史条件下,孔子提出了"仁"与"礼"的思想,用以匡正社会规范和道德伦常。儒学的"礼"促进了人的社会化过程,并在客观上起到了增强社会稳定和持久发展的作用。在"尊贤有等,亲亲有术"的等级秩序中,每个人都有一个特定的位置。个人在宗法血缘上,在家与国同构的网络中,都受到具体的约束和规定。儒学的"仁"又为协调人与人之间的关系,维护民族的统一和团结起到了积极的作用。儒学的纲常伦理、仁爱思想为在失序的社会中无所适从的人们提供了一套严整的行为价值准则。"仁"与"礼"的思想构成了"三纲五常"的基本框架。"三纲五常"作为中国传统文化的基本内容和价值准则,既是封建阶级的官方意识形态,又是现实生活实践中人们进行价值选择和评价的依据,为中国古代社会历代统治阶级所倡导。中国传统社会在"三纲五常"的导向下,产生了超常的稳定结构,社会处于长期稳定和团结的局面。

现代社会的社会发展历程亦充分展现了文化选择的重大作用。韩国

---

[1] 勒费弗尔.法国革命史[M].北京:商务印书馆,1989:131.

曾经是一个贫穷落后的国家,20世纪60年代前的人均GNP仅80余美元。但自1962年起,韩国经济快速起飞,90年代后期一跃成为新兴的工业化国家,其国民生产总值在1995年已居世界第11位[1]。韩国经济现代化的成功,被国际学术界誉为"韩国模式"。

韩国在20世纪50年代末,张勉政权曾一度力图全面推行西式"民主政体",但不到一年便垮台。随后朴正熙政权借助儒家传统中的"忠""孝"思想,以集权统治的方式在六七十年代实现了第一次经济腾飞。韩国是一个在历史上深受儒学影响的国家。儒学道德标准直接渗透到韩国人的国民精神当中。朴正熙政权立足于韩国国情,于1968年颁布了《国民教育宪章》,大力倡导为国家和民族大业而顾全大局的"国民精神",强调民族精神的造就对发展经济的重要性。其具体目标是:① 促进锻炼,保持健康的体魄,培养坚忍不拔的精神;② 加强爱国主义精神,维护民族独立和世界和平;③ 传播和弘扬民族论,对世界文明的发展作出贡献;④ 培养追求真理的精神和创造能力及理性生活能力;⑤ 培养对自由的热爱和对国家及社会强烈的责任心;⑥ 增强审美观念和艺术鉴赏能力,维护人与自然的和谐,促进身心健康;⑦ 培养勤劳和奉献精神,成为力能胜任的生产者和文明的消费者。这一时期所确立的以强调民族凝聚力、对国家的忠诚为核心的国民精神,在韩国经济建设的过程中发挥了巨大的作用,至今仍是韩国国民精神的重要内容。

随着经济的发展,朴正熙政权的集权模式的负面效应和弊端日益显现。有鉴于原有的国民精神内容已无法完全适应新的文明转型和政治变革的需要,韩国政府适时地对国民精神内容予以补充和完善。韩国第14届总统金泳三在《韩国的新教育的构想》中指出:"世界正在发生巨大变化,近代产业化的时代正在过去,信息化、世界化的时代正在到来。今天我们迎接的已不是单纯量变的时代,而是质变的时代,文明大转变的时代。面对人类文明史大转变的时代,个人发展和国家繁荣的原理也在发

---

[1] 洪明.试析社会转型时期的韩国公民教育[J].当代韩国,2000年冬季号.

生变化,固守旧的制度、观念、行为和意识,就不能成为新时代的胜利者,作为国家百年大计的教育也一样,必须经过脱胎换骨的改革,产生新的教育。"[1]自 20 世纪 80 年代以来,韩国的国民精神增加了两个重要内容,一是强调公民的创新精神的培养,二是注重民主的和世界的公民的养成。

在建国之初,韩国是一个崇尚传统、贫穷落后的国家。这一时期以西方的民主思想为指导并不有利于它早期的现代化历程。而以强调民族凝聚力、对国家的忠诚为核心的国民精神则适应了这一阶段的韩国国情,推动了韩国工业化和现代化的过程。而当韩国经济发展取得成功时,在实现由传统社会向现代社会的转型过程中,社会的结构发生了重大变化,出现了不同的利益集团,价值取向也渐趋多元化。此时,国民精神的主要内容中又被适时地加入民主、创新的新要素,适应了时代的变化和发展。在20 世纪 90 年代后期亚洲金融风暴中,韩国人的"国民精神"再次显示出其巨大的力量。当韩元兑美元汇率狂跌时,韩国人喊出了"一人一元救国家"的口号,市民们把自己的金银饰品卖给国家,只收一张欠条,以助国家一臂之力。民间团体和民众还自发组织起来,增加生产,厉行节约,购买国货,减少出国旅游,齐心协力,共渡难关[2]。作为一个深受中国儒学影响的国度,儒家伦理深深植根于韩国的文化之中,这种民族文化特质被提升为"国民精神",成为韩国人民宝贵的精神财富,在韩国现代化建设方面发挥了巨大的作用。

与此相反,苏联和东欧由于对文化的错误选择而导致社会出现"基本上非暴力的动荡"[3],造成了灾难性后果。1989—1991 年前后所发生的东欧社会体制剧变和苏联解体是 21 世纪国际共产主义运动史上最引人注目的事件之一。20 世纪 80 年代中期,戈尔巴乔夫在俄罗斯倡导"公开化""民主化",期望模仿西方自由资本主义的发展方式进行改革。西方化的道路使得人们一度对西方民主盲目追求,整个社会再也找不到千篇一

---

[1] 金泳三.韩国的新教育构想[J].教育参考资料,1995(17).
[2] 卢新德.韩国经济率先全面复苏的原因[J].当代亚太,1999(8).
[3] 哈贝马斯.社会主义今天意味着什么?[J].新左派评论,1990(183).

律的社会舆论,甚至在一个政党内部也不会出现一致的政治意见。当原有的维系社会的价值体系、伦理观念产生了动摇,社会处于转型的关键时刻,一个迫切需要解决的问题就是要重新建立适应社会变迁的价值体系。但是,在苏联这一社会急剧变化的过程中,无论民众还是政治家,不仅缺乏对国家以往发展成果的继承性,而且也缺乏对国家未来发展方向准确的定位和深思熟虑的计划,当指导社会的价值体系被摧毁,当各种思潮充斥苏联政治舞台时,整个社会再也找不到统一的意识形态。这样,当整个社会思想混乱,意识形态出现真空时,信仰危机、政权危机、社会危机自然随之而来,最终导致原苏联东欧国家解体的惨剧。

虽然苏联和东欧各国社会危机的产生都有其自身的原因,但是,对传统文化的全盘否定和抛弃是导致灾难性后果的根本性原因。这一状况使得西方各国学者开始反省价值观的选择问题。1981年诺贝尔奖得主罗杰斯·佩里在一次答记者问时曾说过这样的话:"就算我们多少改进了教育方针、神经诊断,或者明白了左右脑的差别,人类的前途又会改变多少?而我们在价值观上哪怕稍作改变,就会影响到对全球性问题的争议。"[1]在他看来,价值观的选择至关重要。新发展观代表人物弗朗索瓦·佩鲁曾强调说:"我个人的信念是,对发展问题的注意预示着经济学及其所应用的分析工具领域中的各种根本变革。其要点在于,发展同作为主体和行为者的人有关,同人类社会及其目标和显然正在不断演变的目的有关。一旦接受了发展的观念,就可望出现一系列新的发展,与之相适应的是人类价值观念方面的相继变革,在历史上,这些价值观念正是以这种方式转化为行为和活动。"[2]

不论在中国,还是在外国,不论在东方,还是在西方,也不论在发达国家,还是在发展中国家,全球都普遍存在着严重的环境生态危机。现代工业文明虽然取得巨大成就,为人类进步作出了重大的贡献,但由于在工业生产、技术革新和核能实验中没能充分地注意到人与自然之间关系的协

---

[1] 转引董驹翔.价值观散论[J].娄底师专学报,2001(1).
[2] 弗朗索瓦·佩鲁.新发展观[M].华夏出版社,1987:1-2.

调,因此出现过核泄漏、废气泄漏、有烟工业,造成大地沙化日益严重;建筑抢占耕地面积越来越少;江河湖海的改造和利用,给人类带来许多实惠,但也不可避免地导致一些生态失衡;对鲸鱼和许多珍稀动物的近乎灭绝性的捕杀,已经造成了部分地区的生态失衡;对地下矿产资源的掠夺性开发,造成地球表面部分的破坏。人类的这些行为,已经破坏了人与自然之间关系的平衡,破坏了生态环境,给人类造成了难以估量的巨大损失,威胁到人类的健康。据核科学家推算,世界上现存的核武器,足可以把地球摧毁100次。人类如果还不警惕,地球将毁于高科技,人类的生存面临着巨大的隐患,这绝非耸人听闻之论,而是严峻的现实。而现实又是明显的,人类为了更好地生存,矿山不能不开采,地下资源不能不利用,核工业不能不发展,山河也不能不改造。矛盾就是这样尖锐地摆在人类面前。

如何解决这一尖锐矛盾,树立起人类自觉的生态意识,注意人与自然之间的协调,中外科学家为此做了不懈的努力,但效果并不明显。直到1988年1月,75位诺贝尔奖获得者聚集巴黎,在会议宣言中明确声明:"如果人类要在21世纪生存下去,必须回到2 500年前去汲取孔子的智慧。"这里所说的孔子的智慧,就是以孔子为代表的儒家宇宙学说[1]。

东方儒学的天人哲学是大致一致的,就是提倡一种天人和谐的观点,认为天与人是同一世界的两个既互相对立又互相依存的部分。人作为这个世界的主体,对自然界这个客体不应该是疯狂地掠夺、无限制地利用和开采、不顾后果地侵吞,而是应该处处想到人和自然界是一体的,人如果得罪了自然界,自然界是会报复人类的。西方世界以征服自然为出发点,科学技术的飞速发展,使西方人对自然界的欲望越来越大,对物质世界形成了一种疯狂掠夺的竞争,从而破坏了自然界的和谐秩序。最近一些年来,全球环境越来越恶化,大气层的臭氧空洞越来越大,气候越来越不正常,这些现象都是对大自然不尊重的结果。东方在现代化的过程中,也犯过类似的错误。面对未来世界的发展,大自然已经给人类发出了警告:

---

[1] 转引刘宗贤,蔡德贵.当代东方儒学[M].北京:人民出版社,2003:493-494.

如果继续不顾后果地破坏自然,其结果最终会导致整个人类的灭亡。在这样严峻的形势面前,正如季羡林先生提出的,人类脑筋里必须先有一根弦,先有一个必不可缺的指导思想,这个指导思想就是天人合一思想。没有这个指导思想,人类就会像是被剪掉了触角的蚂蚁,不知道往哪里走。从发展的最初一刻起,就应当在这种思想的指导之下,念念不忘过去的惨痛教训,想方设法,挖空心思,尽最大的努力,对破坏自然的行为加以抑制。在开发大自然的时候,应该把天人合一思想作为人类的紧箍咒,使人类在开发之时,不忘应该把和大自然的和谐放在首位。天人哲学是儒学综合思维的典型表现。综合思维要照顾到事物的整体,有整体概念,讲普遍联系,用一句通俗的话说,就是既见树木,又见森林。中医讲究把人体当作一个整体来看待。用东方儒学的这种天人合一的思想和行动,可以济西方征服自然之穷。[1]

延伸阅读

文明对话与儒学热的反思

　　杜维明:从"五四"以来,中国的知识分子便碰到一个思想上的困境,那就是针对传统,该继承的没有充分继承,该扬弃的没有彻底扬弃;针对西方,该引进的没有深入地引进,该排拒的没有很严正地排拒。从近代中国知识分子文化心理结构这个角度来看,启蒙心态事实上在中国知识分子的文化传统中间已经根深蒂固,科学、民主、自由、人权这些法国大革命所提出的价值观念,也成为近代中国许多知识分子的价值观念。更值得注意的是,很多属于西方文化,特别是现代西方文明的范畴和价值,逐渐地、不自觉地成为我们一般的学术上的语言和词汇,儒家的人文精神乃至传统文化在这个背景下已经成为一种遥远的回响。

---

[1] 参见蔡德贵.季羡林先生的东西文化互补论[J].中国青年政治学院学报,2001(4).

鸦片战争以来,中国从天朝礼仪大国变成东亚病夫,在知识群体中所引起的强烈屈辱和悲愤,乃至救亡图存而忧心如焚的情绪,造成一种非常迫切的要求,就是要求中国的问题能政治解决,希望中国能够统一。强烈的民族主义和强烈的反传统意识同时出现,这在人类文明史特别是现代化过程中是独一无二的,任何其他地方没发生的。

即便从西方社会发展的启蒙运动,一方面为人类创造了各种价值,但它也同时把现代人类带到一个自我毁灭的边缘,使人们面对核战问题、生态问题、环保问题乃至科技的局限性问题、大众传播咨询问题等,面对各种地区族群意识的出现(所谓族群意识,就是照他们的种族意识、语言、地域乃至性别、宗教、各种寻根意愿的出现),在这样一个非常复杂的现代环境下,以西化为典范的现代化,已碰到各种难题。如果现代化不就是西化,而是可以有多元的倾向,也就是说不仅有西欧、美国的形式,也可以有东亚文明、南亚文明和拉美的形式,那么传统可以在现代文化中扮演一重要角色,也就是现代性中的传统。

中国在现代化过程中,即在有中国特色的现代性中,传统和儒家人文精神,特别是儒家人文精神在塑造知识分子的特殊人格、面对文化使命、社会良知和主体意识以及宇宙精神所建立的特殊人格来说,它的意义何在?

1911年的辛亥革命结束了两千年的封建制度,但直到五四前后的思想解放运动,中国传统思想的全面危机才真正到来。从纯粹学术的观点看,新文化运动对传统文化的全面抨击多失之激烈与偏颇,但五四的反传统思潮反映了一个事实,大多数的青年知识分子确认固有的传统文化对于复兴伟大民族的目的不能有所贡献反而造成阻碍,而摆脱列强压迫、复兴中华民族,成了知识分子面临的急迫任务。由此看来,不论五四前的中学为体,还是五四时的全盘西化,源出于一个共同的民族主义意识。这真是一个吊诡,激烈否定民族文化传统正是基于强烈要求复兴民族国家的危机意识。这种心理几乎支配着从五四到今天的每一代青年知识分子。发展中的第三世界国家中,很少有像当代中国知识分子具有的那种民族生存前景的危机感和对民族振兴与现代化的急迫关切。

然而，并非20世纪以来每一时期的知识分子都把注意力集中在使国家现代化上面，这是由于他们常常不得不面对一些更急切的内外问题。近代中国的军阀混战、饥荒流行、经济混乱和外部侵略，以及由此导致的人民生活的痛苦不堪，使得知识分子首要考虑的是谋求结束国内混乱、外来侵略的有效途径，而不是如何建立起一个走向现代化的良性政治经济制度。反对内忧外患的救国救民成了近代知识分子的首要责任。若从现代化的角度看，长期以来中国人的现代化观念是比较偏狭的，认为现代化或赶上西方就是在国家军力上赶上西方。1949年以后，国家的主要关切还是如何建立一个强大的独立国家，这是近代中国受屈辱受欺负的历史遗留下来的国家意识。

诚然，建设强大独立国家的愿望在中国人民从此站起来了的宣告之后已基本实现。50年代中期、60年代中期以及70年代中期，政府也都提出过现代化建设的任务，但是当时的领导人与多数知识分子对西方国家的现代化进展还十分陌生，对他们来说，钢铁和粮食的产量足以代表经济现代化的一切。直到1978年以后，中国站在"文革"的废墟上大力推行改革开放政策，走出封闭的国门，走向已十分陌生的世界，当我们惊讶地面对一个远非水深火热的现代化西方世界时，人们才开始了解现代化所包含的广泛而又深刻的含义。同时，沉重地、痛苦地意识到中国在社会发展方面与现代西方国家的巨大差距，和由此产生的危机感与生存压力，虽然不是来自八国联军的船坚炮利，却丝毫不比19世纪弱一点，相反，它的普遍性却是19世纪无法相比的。80年代北大学生提出的振兴中华，与社会达尔文主义传入中国时的图强口号在内容上已有很大不同，包含着要使整个经济发展与人民生活以及政治结构、文化观念赶上西方先进国家。现代化——这个近代中国历史的主题终于被大多数中国人意识到了，并第一次成为知识群体的自觉，这也是当代中国改革和文化运动的大背景[1]。

对现代化的急迫要求，导致了以青年知识分子为主体的反传统的情

---

[1]陈来.传统与现代：人文主义的视界[M].北京：生活·读书·新知三联书店,2009：20-21.

绪。在文化上，一方面是具有较深文化素养的学者认同传统的文化保守主义，另一方面是青年知识分子强烈地全盘反传统以促进现代化的急功近利主义，两方面构成的复杂相互关系是近代中国文化的一个值得注目的现象。五四时期的激进派站在急功近利主义立场上对儒学与传统文化进行文化批判，而这种批判就其本质上说并非从西方学术立场上作出的深刻剖视，只是把整个文化传统看成与现代改革完全对立的巨大历史包袱，要传统文化对中国的落后负全责，以为经过简单激烈的决裂才能对中国面临的问题作出贡献。在传统思想中儒学是遭受批判最严厉的一家。然而，从思想上说，这种因急于促进振兴民族国家的现代化进程所导致的对儒学的猛烈批判，又正是批判者深受儒家忧国忧民天下思想的影响。如果没有儒家这种把民族和社会关切视为最高道德义务思想的影响，他们对儒家的批判就不会那么激烈。五四文化批判的基本偏失在于，一方面把狭隘功利主义引入文化领域并作为评判文化价值的标准，一切与富国强兵无直接关联的人文价值均遭到排斥；一方面不能了解价值理性在文明发展中的连续性，把价值传统当作与现代完全对立必加去除的垃圾。遗憾的是，这些偏失不仅未能得到认真重视，而且仍然是近年新的文化批判运动的历史回声。

近年来的文化批判在许多方面与五四时期相似，反映出文化近代化运动的一些共同特征。但新的文化批判更多地着眼于社会批判，这使得他们的批判具有一些含混不清的特点。一些有影响的理论活动家也加入了批判传统思想的行列，他们激烈批判现代封建主义固然言之成理，但把政治生活中的弊病统统或仅仅归结为传统思想的残余影响，其结果不但容易把现实问题转移为传统问题，把制度问题变换为思想或文化问题，而且在封建主义的笼统观念下无法区分意识形态与人文价值，再加上一种缺乏远见的急功近利的文化政策和这种政策下造成的文化迷失，中国文化的发展将面临内在的危机。像中国这样一个具有几千年深厚文明传统的国家，传统的根本遗失是不可能的。在造反有理风行的时代，实际上却没有人真正考虑传统文化的批判与继承，传统的危机只是来自外在的破坏力;今天则不同了,改革所遇到的困难,对现代化的迫切要求,以毛泽东为代表的一个思想文化时代的过去,全盘西化思想的影响,这一切使得五四以来的一个新的反传统思潮正在发展。自觉的反传统意识,如果不是情结的话,也支配着当代中国大部分优秀的青年知识分子。而一种盲目的、冲动的、普遍的反传统思潮,不仅是对任何试图复兴传统思想努力的最大挑战,由此引起的传统、文化、价值和权威的全面失落,是十分危险的,对现代化及改革本身也是不利的[1]。

在《东亚文明——五个阶段的对话》这部书中,狄百瑞把儒学当作东亚共享的文明;为了说明这种共享的传统与各国本土文化的关系,他在一种极其广泛的意义上使用了对话一词。他的所谓对话,表达了最广义的思想分享或思想交流,甚至包括各种思想和制度的相互作用,譬如在关键性的历史转折时刻,一个国家或民族对于思想和文化所作的选择。从这种观点来看,儒学在近代中国之所以没有像在近代日本那样,成为一种可供利用的象征性资源,其原因不能只从儒学自身来找,还应着眼于儒学作为一种思想体系,与中国社会制度结构之间的历史交互作用过程。中国近代的社会转型期,始终没有形成一个统一的、强有力的中央政府的有效领导,这也就使儒学没有能够围绕现代化目标进行积极的、有选择的转换。这是中国儒学与日本儒学、韩国儒学的不同之处,事实上,这也是儒学作为传统文化而在中国屡遭批判、屡受创伤的原因。

与狄百瑞上述看法相契的,是美国著名社会学家希尔斯关于社会中心的观点。"社会有一个中心。同样社会结构有一个中心圈,中心圈以各种方式影响着每一个人。而每个人与中心圈的关系便构成了人们的社会关系,这种关系不仅仅是生态学意义上的区位关系"。"中心或中心圈是一个价值观和信仰王国的现象。它是主宰社会的象征、价值观和信仰的秩序中心。它之所以成为中心,是因为它是终极的、不可极化的"。"中心也是一个行为王国的现象,是某种制度的行为方式。正是通过这种方式,

---

[1] 陈来.传统与现代:人文主义的视界[M].北京:生活·读书·新知三联书店,2009:22-23.

价值观才得以具体化,才能够被认识"。他在这里指出社会中心对于在宏观上构成社会生活的象征与组织层面制度化的关键作用。没有社会中心,社会互动的有序化和社会组织上的种种制度化,都是不可能实现的。同时,社会中心也是社会共同体文化认同和社会整合的焦点。没有这个焦点,社会成员对有关国家、共同体、同族的根本认识就会陷于混乱,社会宏观秩序也缺乏合法性的根基。根据他这种观点,再对照儒学在近代中国与各种思想和制度遭遇的过程,我们也可以说:由于中国在近代的转折期始终没有形成一个统一的、强有力的社会中心,因而儒学也就没有围绕这个中心来发挥中心价值观和信仰王国的作用,它往往自发地被社会保守势力向着以往的旧的社会中心整合,因而只能屡遭批判,或随着社会的推进退居边缘。

中国儒学的这种遭遇,自然与它的特点有关。不过这种特点正如上文所说的,并不是单纯思想文化意义上的,而是从社会大系统结构来看的价值观和信仰王国现象,这种价值观和信仰王国,是在中国封建社会长期的发展和演化过程中形成的,它是中国儒学的特点,也包含着中国传统社会的特点。

针对上述这些问题,我们认为:第一,一切伟大的传统都具有类似的潜力,儒学作为东方文化的一种传统,其中也存在着适应社会发展的普遍化潜力;第二,儒学的潜力是在历史发展中以适应—不适应—再适应为规律进行的,东方文化、东方儒学正是在这种历时性发展中表现出活力的;第三,东西文化的差异不是绝对的,之间存在着共时性的价值取向,因此即使我们否定了现代化即西化的观点,也不等于否定现代化作为一个时代,包含着全人类共同追求的理想和共享的文明。但是,东西文化之间的差异又是会长久保持的,这种差异随着现代社会的发展,东西方之间的交流,其不同性会减弱,趋同性会增加,而多元化的局面是不会改变的。鉴于此,本文讲东亚模式与儒学的关系,是注重文化的历时性,是注重内在于每一个特殊社会形态中的儒学在历史发展过程中所表现出的普遍化的潜力。诚然,在不同的国家,东亚模式有不同的表现。这里即是尝试从多元性与共同性结合的角度来说明东西文化背景下东亚国家的文化选择及文化开放与传统的关系,也许,这才是东亚模式中一条带有根本性的经验。

从中西文化比较的角度说,西方文化有基督教思想的传统,可以称之为宗教精神。根据马克斯·韦伯的宗教社会学分析,这种宗教传统在经历了中世纪后期的宗教改革后,曾经对资本主义的产生起过重要的推动作用。即使在今天,宗教作为一种精神信仰,一种文化传统,也仍然活在西方现代人的思想中,影响着人们的精神生活和价值观念。

根据文化神学的观点,在人类的所有精神活动中,都蕴涵着这样的终极关切,这种关切对人们的日常生活的最大影响存在于道德领域。它在道德领域的要求是无条件性的,即人对道德的遵从是不需要什么理由的,它是人之为人的规定中必然内含的。就像马克斯·韦伯说的:"世界的宇宙秩序是固定和牢不可破的,社会的秩序不过是世界宇宙秩序的一种特例罢了。只有融入内在和谐的宇宙之中,才能实现天国幸福的安宁和心灵的平衡。"[1]根据他的解释,人对道德的遵循,是为了使人内在的、与天一致的本性得以表现出来,人只有与天相和谐,才有可能达到最完美的境界。这似乎与儒家的要求不谋而合。

尽管马克斯·韦伯的理论似乎很有道理,然而,历史的发展却并不以这位思想家的观点为转移;相反的,历史的任何一种新动向,都可能会造就出一批全新的思想家。自20世纪60年代尤其是80年代以来,就在新教伦理与资本主义的研究日渐式微的同时,儒家文化与现代化的课题则重新引起了全世界社会科学工作者的重视。显然,这种儒家文化的复萌,是在日本、"亚洲四小龙"乃至中国大陆之现代化崛起的历史背景下出现的。也就是说,在欧美经济普遍不景气的情况下,以上属于儒家文化圈的国家和地区却以其持续的快速增长创造着现代化的奇迹,这显然是无法用马克斯·韦伯的理论来加以解释的,因而需要社会科学工作者做出全

---

[1] 马克斯·韦伯.儒教与道教[M].南京:江苏人民出版社,1995:178.

新的回答。于是，不少学者开始研究儒家文化中的家族制度与传统伦理同现代企业中的管理和经营方式之间的潜在联系，并力图从中发现其有助于经济增长的文化动力。

不难看出，这种与马克斯·韦伯逆向而行的思维路线事实上仍继承了其研究成果中的许多因素，这其中最为重要的是，人们已经不再把经济的发展仅仅看成是经济自身的原因，而企图在物质背景之后的文化土壤中发现更为重要的社会动力。过去，人们只知道石油是资源、煤炭是资源，而没有考虑到那种看不见、摸不着的文化也是一种极其重要的资源；更为重要的是，如果能够证明以中国为首的东亚地区是这种资源的聚集地，其意义显然要比根据新的地质理论而甩掉中国贫油的帽子更令人振奋——于是，此一新的思路不仅为长期以来空喊内圣外王、返本开新而找不到实际出路的海外新儒家开辟了通向现代化的研究前景，而且就连西方学者也不得不将这一富于挑战性的课题放在眼里。至于中国大陆，作为一个经济落后而又极欲急起直追的发展中国家，则恰恰需要这样一种既具有现代意义又符合中国国情的文化——经济理论以及与之相关的发展模式。这样一来，在多种因素的配合下，"传统文化的创造性转换""21世纪是中国的世纪"等口号便逐渐盛行起来，儒学热也自然进入了一个新的高潮。

然而，在经济问题上，儒学之发展虽然有其可观的前景，但是也有其相当的困境。首先，在实践上，日本以及"亚洲四小龙"的现代化崛起虽然有着传统儒学的文化背景，但又都不是儒家文化自然生成的产物。从二战以后的历史来看，这些地区市场经济体制的建立不能不说与美国的政治、经济与文化入侵有关。因此，这一实践虽已显示了儒家文化作为一种软件一旦与市场经济的硬件结合之后便会产生强大的推动作用这一事实，但却未能证明这种软件和硬件在其结合的初始阶段是否具有良好的兼容性（因为这些地区的兼容都是在外力的强制下实现的）。换言之，这些实践尚不能彻底证伪马克斯·韦伯关于儒家伦理与现代经济之间缺乏产和性的理论，而唯一能全面推翻这一理论的中国大陆的市场经济改革则显然还有着一段艰巨而漫长的路程。

其次,在理论上,当今的儒学研究所面临的重要问题是:不能用情感来代替科学,也不能用笼统的结论来代替具体的分析和判断。据统计,在过去的五年里,仅中国大陆发表的关于儒家文化在各个领域中之意义的论文就有数千篇,专著也有上百种之多;若加上海外的研究成果,或许还会翻上一番。在这些著作中,自然不乏涉及儒家文化与现代化关系的论述,然而迄今为止,尚未见到有像《新教伦理与资本主义精神》那样以统计和实证为基础而建立起来的学说或结论,而更多的是微言大义、引经据典、少许归纳、简单演绎式的文字。显然,这样的文字更多,也很难推翻马克斯·韦伯所提出的观点。要推翻这些观点,我们必须以大量的统计数据和严格的逻辑推理来证明:古典儒学的人生理想与现代市场的经济观念之间究竟能否真正融合?传统伦理的行为规范与现代经济的契约法则之间到底应该怎样互补?家族血缘的人际关系在强化企业凝聚力的同时是否限制个体才能的发挥?旧式的人伦情感在缓和劳资冲突的过程中是否会带来相应的弊端?如果我们不去进行这种冷静的、具体的、深入细致的分析和研究,而仅仅满足于热情洋溢的宣传与满怀信心的呐喊,或不断重复"批判地继承""创造性地转换"之类虽然正确、却相当空泛的口号,那么我们的研究就很难对社会现实产生真正有效的指导、推动作用。而要真正做到这一点,则不仅需要具有传统文化的学术素养,还必须熟悉现代经济的运作过程和现代企业的管理机制。更为重要的是,所有这一切,还只是这一研究的起码条件,至于研究的成果与结论,我们绝对不能根据自己的主观需要或单纯的民族情感来加以事先的设定与规范。

儒学热的出现,不仅有其经济的背景,而且有其政治的原因。从国际范围来看,中国经济水平的发展必然带来政治地位的变迁,而这种政治地位的变迁也同样会引起人们文化上的兴趣。早在 20 世纪 70 年代初期,英国著名历史学家汤因比在与日本学者池田大作所作的题为"展望二十一世纪"的对话中就曾指出:"我所预见的和平统一,一定是以地理和文化主轴为中心,不断结晶扩大起来的。我预感这个主轴不在美国、欧洲和前苏联，而是在东亚。并且就中国人来说，几千年来，比任何民族都成功地把几亿民众，从政治文化上团结起来。他们显示出这种在政治、文化上统一的本领，具有无与伦比的成功经验。这样的统一正是今天世界的绝对要求。世界统一是避免人类集体自杀之路。在这一点上，现在各民族中具有最充分准备的，是两千年来培育了独特思维方法的中华民族。"[1]与此相反，美国当代政治理论权威亨廷顿则在苏、美冷战结束以后指出："新世界的冲突根源，将不再侧重于意识形态或经济，而文化将是截然分隔人类和引起冲突的主要根源。在世界事务中，民族国家仍会举足轻重，但全球政治的主要冲突将发生在不同文化的族群之间。""那些因为文化与能力的缘故而不想或不能加入西方的国家，借着发展本身的经济、军事及政治力量与西方竞争。它们透过推动内部发展或与其他非西方国家合作来达到这一目的。这种合作最突出的形式是儒家——伊斯兰的连结，它的出现是要挑战西方的利益、价值与势力。"[2]尽管汤因比与亨廷顿两人有着截然不同的立场、观点和态度，但他们将中国的传统文化与现实政治结合起来加以分析并予以高度重视的做法，却同样显示了儒家文化在当今世界政治舞台上的影响。

如果说西方学者对儒家文化的重视主要是基于外交上的考虑，那么中国政府对儒家文化的弘扬则更多是出于社会稳定的需要。改革开放以来，中国的经济有了长足的发展，但与此同时，在利欲的驱使下，拜金主义与个人主义泛滥，社会丑恶现象滋生，道德普遍滑坡，一部分人失去信仰，失去正确的世界观、价值观与人生观。在这种情况下，从中国传统文化中发掘那些有助于提高人们的道德水平，和帮助人们树立正确的价值观，对社会具有高度凝聚力的成分，是十分必要的。而在这一点上，传统的儒学似乎是一个资料宝库。

与此同时，知识界也从中国历史的发展着眼而重新反思着自身的文化立场。在80年代曾经以激进的姿态而倡导"新启蒙"的著名学者王元

---

[1] 汤因比.展望二十一世纪[M].北京：国际文化出版公司,1985：294-295.
[2] 亨廷顿.文明的冲突[M].北京：新华出版社,2013：18.

化最近这样地表白:"对激进主义的批判是我这几年的反思之一。这种认识不止我一个人,大陆上还有别人也对激进主义的思潮作了新的评估。过去我并未接触这方面的问题,也许无形之中对激进主义倒是同情的。仔细分析,这也是由于受到五四以来进化论思潮的影响。如果要探讨进化论对20世纪中国思想界带来的消极影响,就应该着眼于今天仍在支配思想界的新与旧的观念。这种观念认为新的都是好的,进步的,而旧的都是不好的,落后的。所以谈论旧的就被目为回瞻,批评新的就被目为顽固。在进化论思潮下所形成的这种新与旧的价值观念,更使激进主义享有不容置疑的好名声。"[1]他有关新与旧的价值重估,显示着中国大陆90年代思想界的新动向。在这种新动向之中,以克己复礼为自觉使命的孔子及其儒学便自然又获得了新的重视。

可见,同经济上的原因一样,当今儒学热所得以出现的政治理由也是充分的,并且是多方面的。然而,我们在分析了这些政治背景之后,也必须看到此背景之下所可能遇到的难题与困境。首先,从国际政治关系的角度来看,以汤因比和亨廷顿为代表的两种截然不同的观点虽然都强调了儒家文化在未来世界舞台上的重要性,即在文化的多元化与多元文化的相互渗透之中,未来的儒家文化将如何协调与其他民族文化之间的关系,而这一问题的解决则不仅需要理论上的假设,而且需要实践上的证明。因此,其研究的难度绝不亚于儒家文化与现代经济的融合问题。

其次,尽管从加强民族凝聚力、维护国内政治稳定的角度出发,弘扬儒家文化显然具有积极的现实意义,但是这种现实意义并不等于现代意义。因为在原始儒学那里,一切民族情感都是建立在宗法血缘基础之上的,所谓国只不过是放大了的家,因而国家的意志最终也就是作为家长的统治者的意志,这同近代市民社会基础之上所建立起来的国家观念是有历史性区分的。正因如此,梁启超才斥责中国历代统治者只知有社稷而

---

[1] 王元化.关于近几年的反思答问[N].文汇读书周报,1994-12-3.

不知有国家,从而将国家作为愚弄和统治人民的政治机器。这也就使我们想起了马克思主义经典同传统儒学在国家观念上的差别所在。显然,作为马克思主义者,我们要建设具有现代意义的社会主义国家,就不应该仅仅局限于传统儒学的国—家观念之中;而作为华夏文化的传人,我们从现实的政治需要出发,又不可能完全放弃传统的民族情感和国家观念。如何将两者有机地统一起来,或者由儒家学说逐渐过渡到马克思主义学说,由传统文化逐渐过渡到现代化,这无论是在理论上,还是在实践上都不是一件轻而易举的事情。

但是,儒家学说果真是一种放之四海而又亘古不变的普遍真理吗?显然不是,事实上,就在西方传统的宗教文化发生危机的同时,中国传统的宗法文化也在渐渐地失去了其赖以存在的社会土壤。我们知道,作为宗法文化之思想根源的人伦血缘关系确实是普遍存在而又无法被科学技术所证伪的,但是这种自然的人际关系所包含的社会意义和内容却是可以而且必然会随着社会实践的发展而发生变化的。在本世纪中,儒家学说之所以会在意识形态领域中出现大起大落的复杂局面,究其根本原因,还是由于鸦片战争以来,中国传统的宗法血缘社会在新的生产力和外来文化的影响下出现了解体的趋势,而这一历史趋势在改革开放尤其是在当今的市场经济条件下正在日益加剧。关于这一点,我们只要拿西北内陆地区依旧古朴的风土民情和东海沿海地区已然变化了的人际关系加以简单的对比就可以看得十分清楚了。不难想象,随着金钱地位的上升,劳动力市场的出现,农业生产规模化、集约化的形成,交换关系契约化、法律化的习惯,以及城乡差距的缩小,社会保障体系的建立,计划生育的推行等不以人的意志为转移的社会变革的推进,传统的宗教血缘关系中所包含的超出公民义务之外的原始亲伦情感便不可避免地逐渐淡化,因而建立在这一基础之上的儒家学说也就不可避免地会遇到现代生活方式的挑战。当然,淡化并不等于消失,挑战也并不等于毁灭,现代化的生活方式并不见得统统抛弃民族文化的一切遗产。这里所强调的只是,儒学在当今的热潮之中能否为现代化的中国乃至世界作出真正的贡献,并不仅仅是一个单纯的热字所能够实现的。

——参考杜维明:《"公共知识分子"与儒学的现代性发展》,载《贵州师范大学学报(社会科学版)》2001年第1期;杜维明:《全球伦理的儒家诠释》,载《文史哲》,2002年第6期;刘宗贤、蔡德贵:《当代东方儒学》,人民出版社2003年版,第342-345、473、521、554-555页;张秋升、王洪军:《中国儒学史研究》,齐鲁书社2004年版,第473-595页。有删改。

在此始终需要记住的也许是"文化不是名词,而是动词"这样一句话。所谓"儒学",因此种种而有着说不尽的意义。在中国文化史上作为核心而存在的"儒学",它不仅是一件不可忘却的遗嘱,它还是一件未竟的事业,作为中国文化精神的它仍然"在路上"。而"转型期的中国,比以往任何时候更需要人文精神。没有植根于人文精神这块沃土之上的人类关怀,人只能沦为纯粹的经济动物,丧失人所应该具有的一切生存意蕴"[1]。愿以此作为本书的结语。

问题思考

1. 如何理解儒学的现代化与世界化?
2. 如何理解现代新儒家的"会通"与"互补"

---

[1] 转引自顾士敏.中国儒学导论[M](修订本).昆明:云南大学出版社,2007:203.

主要参考文献

[1] 柳诒徵.中国文化史(上、下卷)[M].上海：东方出版中心,1988.
[2] 贺麟.文化与人生[M].北京：商务印书馆,1999.
[3] 唐君毅.中国文化之精神价值[M].桂林：广西师范大学出版社,2005.
[4] 钱穆.论语新解[M].北京：生活·读书·新知三联书店,2002.
[5] 匡亚明.孔子评传[M].济南：齐鲁书社,1985.
[6] 罗志田.裂变中的传承：20世纪前期的中国文化与学术[M].北京：中华书局,2009.
[7] 许纪霖.大时代中的知识人[M].北京：中华书局,2007.
[8] 朱贻庭.儒家文化与和谐社会[M].上海：学林出版社,2005.
[9] 李泽厚,刘绪源.该中国哲学登场了？——李泽厚2010谈话录[Z].上海：上海译文出版社,2011.
[10] 康德.回答这样的问题：什么是启蒙运动[A]//康德.历史理性批判文集[C].何兆武,译.北京：商务印书馆,1990.
[11] 福柯.何为启蒙[A]//文化与公共性[M].汪晖,等译.北京：生活·读书·新知三联书店,1998.
[12] 詹姆斯·施密特.启蒙运动与现代性——18世纪与20世纪的对话[M].徐向东,等译.上海：上海人民出版社,2005.
[13] 安东尼·吉登斯.现代性与自我认同[M].赵旭东,等译.北京：生活·读书·新知三联书店,1998.
[14] 于尔根·哈贝马斯.现代性的哲学话语[M].曹卫东,等译.南京：译

林出版社,2004.

[15] 复旦大学历史系.儒家思想与未来社会[M].上海:上海人民出版社,1991.

[16] 徐远和.儒学与东方文化[M].北京:人民出版社,1994.

[17] 姜林祥.儒学在国外的传统与影响[M].济南:齐鲁书社,2004.

[18] 刘宗贤,蔡德贵.当代东方儒学[M].北京:人民出版社,2003.

[19] 陈来.传统与现代人文主义的视界[M].北京:生活·读书·新知三联书店,2009.

[20] 杜维明.儒家传统与文明对话[M].石家庄:河北人民出版社,2006.

[21] 李翔海.现代新儒学论要[M].天津:南开大学出版社,2010.

[22] 陈鹏.现代新儒学研究[M].福州:福建人民出版社,2006.

后 记

本书参考了刘宗贤、蔡德贵、杜维明、方克立、顾士敏、陈鹏、李翔海等前辈的研究著作,并得到上海大学出版社的帮助与支持。在此一并致谢。

吴立群

2017年10月于上海